辛亥著名人物传记丛书

林家有 著

朱执信

团结出版社
UNITY PRESS

图书在版编目（ＣＩＰ）数据

朱执信 / 林家有著. -- 北京：团结出版社，2011.8（2021.3 重印）
（辛亥著名人物传记丛书）
ISBN 978-7-5126-0404-9

Ⅰ．①朱… Ⅱ．①林… Ⅲ．①朱执信（1885～1920）—传记 Ⅳ．①K827=6

中国版本图书馆CIP数据核字(2011)第 064162 号

出　版：	团结出版社
	（北京市东城区东皇城根南街 84 号　邮编：100006）
电　话：	（010）65228880　65244790　（出版社）
	（010）65238766　85113874　65133603（发行部）
	（010）65133603（邮购）
网　址：	http://www.tjpress.com
E-mail：	zb65244790@vip.163.com
	tjcbsfxb@163.com（发行部邮购）
经　销：	全国新华书店
印　装：	三河市东方印刷有限公司
开　本：	170mm×240mm　　16 开
印　张：	12.75
字　数：	165 千字
版　次：	2011 年 8 月　　第 1 版
印　次：	2021 年 3 月　　第 3 次印刷
书　号：	978-7-5126-0404-9
定　价：	39.00 元

（版权所属，盗版必究）

辛亥著名人物传记丛书编辑委员会

顾　　　问：金冲及　章开沅　李文海
主　　　任：修福金
副　主　任：李惠东　王大可　郑大华
执 行 主 编：王大可
执行副主编：唐得阳　梁光玉
编 辑 人 员：赵广宁　唐立馨　傅雪莎
　　　　　　　张　阳　郭　强　朱利国
　　　　　　　赵晓丽　王海燕

辛亥著名人物传记丛书
总序言

　　整整一百年前，在中国处于半殖民地半封建黑暗统治的时代，爆发了一场对中国历史发展进程产生巨大影响的革命，这就是以伟大的革命先行者孙中山为代表的革命党人发动的辛亥革命。这场革命，是中国近代历史上一次比较完全意义的反帝反封建的民族民主革命，它推翻了清朝政府，结束了中国几千年的封建君主专制制度，同时沉重打击了帝国主义在华侵略势力。中华民国的建立，标志着中国历史进步的新纪元。辛亥革命极大地推动了中华民族的思想解放，为中国先进分子探索救国救民的道路打开了新的视野，八年后，五四运动爆发；十年后，中国共产党诞生。辛亥革命开启的革新开放之门，对于推动中国社会的发展与进步具有不可估量的历史功绩和伟大意义。

　　以孙中山为代表的革命党人，在开启思想闸门、传播先进思想、点燃革命火种、推动历史进步的过程中发挥了重要作用。他们站在时代前列，为追求民族独立和民主自由而向反动势力宣战；他们不惜流血牺牲，站在斗争一线浴血奋战；他们具有坚定的信念和坚强的意志，愈挫愈奋，在失败中不断汲取和凝聚新的力量；他们适应历史发展的趋势，与时俱进，不断修正前进的方向和斗争的目标。正是因为有了这样一批革命先驱和仁人志士，才有了辛亥革命的爆发，也才有了以此为开端的中国民族民主革命的不断发展和最终胜利。当然，我们在分析评价历史人物时，既要看到他们有超越时代的进步性，又要看到他们不可避免地受到社会客观条件影响而具有的局限性与片面性，这是我们在看待历史人物时应当坚持的历史唯物主义态度，也就是既不文过饰非，也不苛求前人。

几十年来，关于辛亥革命及其重要人物的研究工作不断深入，也陆续出版了大量的图书、画册等，但仍然不十分系统和完整，有些出版物受到时代因素和其他客观条件的影响，难免有失偏颇和疏漏。在即将迎来辛亥革命100周年的时刻，团结出版社编辑出版了本套《辛亥著名人物传记丛书》，并得到国家出版基金的资助，这充分表明了国家对于辛亥革命历史研究的重视。这套丛书的出版，无疑是一件非常有意义的事，既可以对辛亥革命的研究工作起到重要的填补空白和补充资料的作用，同时也是对立下丰功伟绩的仁人志士的纪念与缅怀。

为了保证本套丛书的编辑质量，编辑委员会在民革中央的领导下，做了大量认真细致的组织工作，特别是邀请了著名专家金冲及先生、章开沅先生、李文海先生担任顾问，他们在百忙之中分别对本套丛书的编辑思想、人物范围、框架体例、写作要求等方面提出了重要的指导性意见，成为本套丛书能够高质量出版的重要保证。此外，参与本套丛书写作的，都是在近代历史和人物的研究方面卓有建树的专家学者，他们既有对辛亥革命历史进行深入研究的学术功底，又有较丰富的写作经验和较高的文字水平，因此，我们可以寄希望于本套丛书的出版，会对推动辛亥革命及其重要人物研究工作的不断深入起到重要作用，对弘扬爱国主义、提高民族凝聚力，实现中华民族的伟大复兴产生积极的影响。

周铁农

2011年3月16日

目　录

引　言

朱执信

3　第一章　早年教育与觉醒
4　　一、出身及家世
8　　二、早年教育
10　　三、留学日本
13　　四、革命思想的确立

17　第二章　投身孙中山领导的革命
18　　一、加入中国同盟会
19　　二、阐释孙中山的三民主义
28　　三、译介马克思主义

37	四、组织留日学界维持会	

第三章　光复广东的斗争

39	第三章　光复广东的斗争	
40	一、教书与革命	
41	二、发动会党和新军参加革命	
43	三、暗杀水师提督李准	
45	四、戊申、庚戌广州举义	
48	五、积极参与"三二九"广州黄花岗起义	
52	六、在广东光复中的贡献	

57	第四章　捍卫共和与维护约法	
58	一、建设共和政权	
65	二、讨伐窃国大盗袁世凯	
82	三、驱逐广东军阀龙济光	
92	四、襄助孙中山的护法运动	
99	五、协助援闽粤军建设漳州	
102	六、策划援闽粤军回粤	

105	第五章　理论创新与思想发展	
106	一、与时俱进，不断进步	
106	二、讴歌俄国十月革命	
110	三、参与"五四"和新文化运动	
114	四、呼吁兵的改造	

| 119 | 五、重释孙中山三民主义 |
| 132 | 六、赞誉马克思主义 |

139	**第六章　学术与革命**
140	一、为革命而学术
148	二、革命与中国的存亡
150	三、革命与国民的觉醒

155	**第七章　革命与建设**
156	一、"反满"与共和合一
159	二、民权与国权并重
162	三、社会革命与文明进步

167	**第八章　永恒的纪念**
168	一、虎门遇难
170	二、永恒的纪念

| 178 | **朱执信年谱简编** |

| 185 | **主要参考文献** |

引 言

近代广东是资本帝国主义最早侵略的地方，也是中国人民最先觉醒的地方。广东出国谋生、经商的华侨华人众多，广东人思想比较开放，敢于闯荡世界，也有冒险和敢为天下先的精神。由于广东特殊的文化土壤，以及在广东社会转型过程中，形成的多元文化交汇、冲撞和矛盾中的特殊环境，人才辈出，许多杰出的人士从这里走向世界，又回归乡土；从这里开眼看世界，又从这里认识国情，施展才华，指点江山，从事启蒙、维新、革命、救国、振兴中华，复兴中国的伟业，加速了中国社会的变迁。从洪秀全、洪仁玕、康有为、梁启超到孙中山、朱执信、胡汉民、廖仲恺等许多杰出人士，都是时代和广东历史文化土壤造就的英雄群体。他们的思想和事功，不仅对广东人民，而且对全中国人民的觉醒都起了重要作用。他们不仅为中国的推陈出新、开辟民主共和历史新纪元发挥了巨大作用，而且也用自己的智慧和行动带领与启导国人为开创一个新的、伟大的时代贡献了自己的一切。

新时代需要新的文化和先进的思想，需要英雄们的导引和奋斗，也需要国人的普遍觉醒和民族意识的树立与弘扬。广东是近代中国民主革命的策源地，它是广东人的荣耀，它为中国的革命和建设事业贡献良多，但这毕竟只能说明过去，未能展示现在。所以，对为中国的民主革命和中国的社会进步发展作出过贡献的杰出人士，我们都要表示深深的敬意，通过对他们救国救民思想的追寻和总结，形成我们新的思维、新的意识，为实现统一祖国、复兴中华无私奉献。

朱执信无愧为中国杰出的民主主义者、文武兼备的革命家，也是革命的理论家和宣传鼓动家。他不仅是孙中山的忠实追随者，也是民主主义革命忠诚的活动家、思想家，还是反对封建主义的英勇战士；他不仅能在革命的实践中不断探索民主革命的理论和思想，也能与时俱进、不断创新、不断进步，积极讴歌俄国社会主义革命，同情和支持社会主义建设。正如有论者指出的那样，"执信先生一生，不断地努力于政治改造与社会改造。他的精到的思想，深刻的理论，伴着他那他人不可企及的高纯洁的精神，在近代人中是不可多得的"。他对中国的贡献是多方面的、巨大的，他赢得了世人的敬仰、怀念，他的精神一直被后人学习和弘扬。

朱执信勤奋好学、知识渊博、智慧过人、才华横溢，是难得的栋梁之材。可惜他年仅35岁就被愚氓乱枪结束了生命，这是孙中山为代表的民主革命派的损失，也是国家、民族的巨大损失。幸而，他的伟大事业、他的思想和精神留了下来。为让这位可歌、可敬的英雄人物的精神和事迹永留人间，我们有责任、有义务广泛宣传和介绍。诚如孙中山所言"先生不止为文武兼备之革命实行家，论其一生行为，算是中国之明星"，"朱执信是最好的同志，为中国有数之人才"，"惟君之死乃以身殉国兮，树永久之模范于将来"！朱执信也说过，追悼革命先烈，应该学习和继续他们的志业。我们必须发扬朱执信的这一精神，永远怀着无限崇敬的心情去缅怀这位伟大的爱国者和杰出的民主革命家。

朱执信

第一章
早年教育与觉醒

出身及家世

早年教育

留学日本

革命思想的确立

一、出身及家世

广州,古称番禺,中国海上丝绸之路的出发点,驰名中外的港口城市。1840年鸦片战争在此爆发,标志着中国近代史的开端。1843年,洪秀全于此创立拜上帝会,并偕冯云山等往广州附近各县以及广西贵县,开展宣传组织活动,并于1851年1月11日率众在桂平金田起义,发动和领导了太平天国农民运动,后定都南京,对清朝造成威胁。1857年,广州被英法联军攻陷。1864年,洋务派创办了第一所外语学校——广州同文馆,此后,广东实学馆和广东水师学堂相继在此建立。在同西方国家以及西学的接触中,广东孕育了一代又一代的先进分子。孙中山于1895年10月6日在《拟创立农学会书》中深有感触地写道:"伏念我粤东一省,于泰西各种新学闻之最先,缙绅先生不少留心当世之务,同志者定不乏人。"朱执信便是其中的佼佼者。

1885年10月12日(清光绪十一年九月初五日),一份乙酉乡试中举的捷报送至广州府番禺县小北豪贤路汪辛伯(兆铨)手中。恰在此时,汪家的外孙呱呱落地。(朱执信一生在广州住址有四处:1885年诞生于小北豪贤路;1907年住在小北善庆街德源里;1912年住在河南同福大街二巷;1917年住于小北扳桂坊)。汪兆铨的父亲汪瑔为纪念儿子中举,便给外孙起"举"为乳名,家中人都称其"阿举"。因其父朱启连仰慕康熙年间山东益都学者赵执信,① 遂为儿子起名朱执信。朱执信又名大符,号蛰伸,在日后的革命活动中,曾用笔名县解、去非、前进、民意、琴生、秋谷。因排行第三,同辈亲友中亦称朱三哥。

---

① 赵执信(1662—1744),诗人,字伸符,号秋谷,又号饴山。康熙进士,官左赞善。曾被革职。诗主峻刻,所作诗篇对当时社会状况有所反映。著有《谈龙录》、《饴山堂集》、《声调谱》等。

朱执信祖籍浙江萧山，祖父朱夏，字荔衫，自浙江迁居广东，曾任职广东善后局，后定居番禺，故人们习惯称朱执信为广东番禺人。父亲朱启连，字跋惠，又字棣垞，能诗善文，擅长书法，是一位学问渊博、兴趣广泛的儒士，但因科举不顺，少年落榜后便绝意仕途，19岁时专心致志就读于汪瑔门下，多守汉学。朱启连文采极佳，深得汪瑔赏识，后推荐其到两广总督张之洞幕府中任职，但因张对他不甚尊敬，朱氏曾作书以示责备，然后辞去。汪瑔（1828—1891），字芙生，号谷庵，原籍浙江山阴（今绍兴）。汪瑔不但欣赏朱启连的才智，而且赞赏他的品德，索性将次女汪若昭许配给朱启连，朱启连成了汪瑔的乘龙快婿。

朱启连著述很多，有文集4卷，外集3卷，琴说2卷，琴谱若干卷等。他十分喜爱击琴、书法和金石，曾自刻印章"琴皇帝"，朱执信后来用"琴生"作别名，大概因此而来。朱启连尤以诗文赢得时人的赞许，陶邵学曾说朱启连"文学似陈师道，艺术似姜夔"。陈宝箴也赞扬说："蝉蜕尘寰之表"，"文学超乎俦类"。朱氏自评其诗说："清而薄似僧厨之粥，挺而弱似盆山之竹，黝而削如羸夫之羊，莹而确如碱宅之玉。"汪若昭幼承家学，能诗善词，尤其熟悉文天祥、史可法、陈子壮等人的英雄事迹，常常向儿女们讲述这些历史人物的故事，以教育子女。

朱执信兄妹六人，其中较有成就的是弟大猷，又名秩如。

父母的言传身教对朱执信的成长起着潜移默化的影响。在他孩童之时，朱启连、汪若昭常常向他讲解《资治通鉴》等史书，纵论历代兴革利弊。他敬佩民族英雄，赞许古代的改革，对北宋王安石的变法尤其推崇备至，"爱读王安石之文，且慕其高堂之节行"。朱执信曾说："异时对于王安石，当作精深的研究，三苏父子，学术文章，均不王若，不谙其新法之精义，狃于旧习，盲目反对，恍若癫狗之狂吠然。"在父母循循善诱下，朱执信8岁就开始读《大学》、《中庸》、《论语》、《孟子》等书籍，10岁即耽读《通鉴辑览》、《资治通鉴》等书,奠定了坚实的汉学基础。

19世纪末,中华民族灾难急骤加深。1894年7月,日本为吞并朝鲜,蓄谋挑起了中日战争。年仅9岁的朱执信获悉后,便问其父亲详情。1895年,当听说清政府在战争中失败并且签订丧权辱国的《马关条约》后,朱执信失声痛哭。《马关条约》,又称《春帆楼条约》,是清政府与日本于1895年签订的丧权辱国条约。这极大地震撼了神州大地,以往中国战败,都是清政府与英、法等西方资本主义国家的较量。这次东方的小国日本也打败中国,并强迫清政府割地赔款,中国人民实在无法忍受这奇耻大辱。中国的士人开始从梦中觉醒,呼吁救亡图存。朱执信年幼爱国,时时流露出对国事的隐忧。朱启连睹此情景,心中暗自高兴,对妻子说:"是儿虽年幼,有大志,他日际会风云,或能驰驱国事,期得一当也。"

为使朱执信学到更多的知识,11岁时,朱启连安排朱执信拜广州甚有名望的章奏篪为师。章氏在广州颇有名望,对朱执信大为赞赏,对他的评价是:"昂昂若千里驹,闻一知十,无所留滞,而文思潮涌,下笔千言,议论雄放处,虽老师宿儒,亦所不逮,其才非吾力能胜任,何敢素餐以误人子弟哉!"不到一个月,章氏就担心耽误弟子的学业而提出辞职。稍后,朱执信又在其姨夫、广州知名的老秀才沈孝芬的门下就读。朱执信的刻苦勤奋与聪明睿智受到同学们的敬佩。

1900年5月,英、法、德、奥、意、日、俄、美八国联军侵华,攻陷北京,慈禧太后、光绪皇帝经太原逃往西安。出逃前,派出李鸿章为代表乞和。9月7日,侵华各国与清政府代表奕劻、李鸿章正式签订《辛丑条约》。《辛丑条约》规定的赔款之多,条件之苛刻,都是空前的,它是对中国人民的一次大勒索,使清政府完全丧失了独立地位。从此,清廷成了洋人的朝廷。朱执信对此无比愤慨,认识到"覆亡之祸,迫在眉睫"。因此,他终日寝食不安。朱执信在《读辛幼安南渡录感叹题后》中写道:"北狩辛劳,已着千载，古来申鉴，岂在一时？"为了铭记明朝灭亡的历史以及清兵入关后的种种暴行，朱执信亲自刻下了一枚"南都沦后第四乙酉生"[①]的印章，寄寓反清之志。

1901年，朱执信开始跟随二从母舅汪仲器（兆镕）学习数学。他对数学表现了浓厚的兴趣。其弟朱秩如如是说："先兄跟随母舅汪仲器开始学习数学，一面听讲，一面自学，每夜非至四更不肯就寝。不多时，数学中自弧三角以上至微分、积分及立体几何、解析几何等，则自读书籍而习之。不独能忆各公式，且深明各公式由来之原理与其应用之范围。不独谙新式之算法，各正史之《天文志》、《律历志》，《周髀》、《算经》、《勾股》、《开方》、《捷数》，《数理精蕴》、《历象考成》、《中西算学大成》，华蘅芳、梅定《九算书》，《则古昔斋算术》等，自古代以至前清时代诸算书，无不探其蕴奥。"这为其日后留学日本学习经济学打下了基础。

朱执信15岁那年，广州城内鼠疫流行，父母同时染疾。父亲于1900年12月26日去世。朱执信家境清贫，朱启连离世时，虽只留下遗稿数本，琴数张，图书法帖数千卷，但遗留给他的精神遗产，极其丰富。朱执信曾对其弟说："先人初无他贻，唯此耿介之性，实赋诸我。倘腼颜苟活，岂不有忝于祖？"母亲生病期间，朱执信不畏传染，不避劳苦，看护甚勤，"数月之间，或通夜不就寝，或不解衣而卧，不及二三小时而复起，积疲之余，往往坐立之间，不能自制其倒眠"。母亲病情好转后，朱执信就床一睡便是三天，从中可见他的拳拳孝心。1904年1月，朱执信的母亲辞世，家道衰落，人所不幸。朱执信对于弟弟妹妹、亲戚极力关爱，相互激励。此后，舅父汪兆铨承担了养育朱执信的责任。朱执信的成长，受汪兆铨的帮助和影响很大，1919年朱执信称舅父"饮食与教诲，有逾父母恩"。

---

① 南都指南明都城南京，1645年被清兵攻陷，明朝彻底灭亡，此年正是乙酉年，"第四乙酉"年即1885年。

少年时代的朱执信

二、早年教育

1898年6月，康有为、梁启超等人发动维新变法运动，虽然9月便遭以慈禧太后为首的顽固派的镇压，以失败告结束，但"改革教育，兴办学堂"的措施却被保留下来。外患日亟，残酷的现实使时人认识到变法图强当从改革教育入手，一时全国各地兴建新式学堂蔚然成风。1902年，广州士绅丁长仁、吴道镕和汪兆铨在广州创办了一所新式学校——教忠学堂。朱执信应考中的，成为该校的首届学生。在学堂里，朱执信主攻国学，但他好古文诗而不好八股文试帖诗，好临帖习字而不好习大卷字。他兼习英语、日语、数学和历法等，由于得到了名师丁长仁、潘漱笙、罗汝楠、梁冠林、林祖蔚、叶楚白等人的教导，学业大有长进。他与胞弟朱秩如、表兄汪祖泽均为堂中之高才生，朱氏尤为出众，不仅文章常常"贴堂"，示为范文，而且每次考试成绩均名列前茅。

朱执信兴趣广泛，除了勤勉、孜孜不倦，刻苦学习之外，还与古应芬、汪精卫等组织了一个旨在探求新知识的"群智社"。其活动方式为：集资购阅新学书报，并相约各出家中所藏图书置于社中供共同参考研读。"群智社"以共同研讨新学，讲求新学为主旨。无论是国内翻译出版的《天演论》、《原富》、《民约论》、《万法精神》等西方资产阶级的理论名著，还是由中国人在日本创办的《新民丛报》、《浙江潮》等杂志，均在该社购买之列。这些新学、新书对朱执信的知识启蒙帮助很大。

朱执信在读到达尔文的《物种起源》和严复翻译的赫胥黎的《天演论》后，深为"物竞天择，适者生存"理论所吸引，认为自然界如此，人类社会也不例外。在读了亚当·斯密的《原富》后，认识到经济是立国之本，经济的强弱实为国家强弱的标志。在读了《民约论》和《万法精神》后，陶醉于卢梭、孟德斯鸠的天赋人权、自由、平等、博爱等学说中。当读到《新民丛报》时，立即被梁启超的文章所吸引，认为要救国，就必须启迪国人的思想。当读了《浙江潮》等革命派创办的杂志后，有感于革命者无情攻击和鞭笞清政府的专论，更加痛恨清王朝，认为只有推翻清王朝，才能实现救国救民。

在教忠学堂里，因一些学生不满当局重视中学、轻视西学的主张，学堂内部风潮时常发生。某次，因有教员殴打学生，引起公愤，学生愤而罢课。但由于当局的镇压，罢课失败。对于这次学潮，朱执信尤为不满。他认为，学堂名实不符，学堂的措施束缚了学生的进步，不待学期结束，他便选择自动离开。退学后，朱执信一时难以找到合适的学校继续就读，便与汪精卫、胡汉民等一起在家中自学，购买和研读新学书籍，讨论时政。此时他又被王夫之、顾炎武宣扬"夷夏之辨"种族主义的文章所吸引，"于民族大义镌入甚深"。在国内外兴起的反清救国民族民主思潮的激荡下，朱执信开始觉醒，更加仇恨清政府，向往西方资产阶级的民主制度。

三、留学日本

1895年，清政府在甲午战争中惨败，引起了许多有识之士的深思：泱泱大国竟被蕞尔小国打败，严酷的现实使他们逐渐觉醒过来，"朝野上下，奋发图强。广设学校，大办报纸杂志，改革制度，登用人才，欲以早日完成中兴大业"。普遍认为，中国的当务之急在发展教育，而重点在于派遣海外留学生。从此，留学日本和欧美各国的浪潮高涨。尽管日本在甲午战争中打败中国，并通过不平等的《马关条约》割占了中国台湾等并获得了许多特权，在中国引起强烈反响，但由于日本与中国相邻，同文同种，所以，在留学热潮中，东渡日本的学生最多。他们认为，日本之所以成功地走上资本主义道路，在短短的二三十年间一跃成为亚洲强国，乃是由于明治维新的成功以及普及教育和实行法治的结果。日本人学习西方有成效，中国人向日本人学，既省力，又速效，同时两国的风俗习惯也有很多相似之处，费用比留学欧洲便宜。因此一衣带水的日本便成了中国学生理想的留学处。清政府于1896年首次派遣13名学生到日本学习。

20世纪初，清政府为维护苟延残喘的统治，颁布"新政"的上谕，下令废止八股。1904年，两广总督岑春煊实施新政，奖励留学，在200多名广东应考学生中，录取了41名官费学生赴日本学习法政，朱执信年龄最小，但应考名列榜首。在此之前，他已应京师大学堂预科班的考试，以优异成绩中榜。经过一番慎重考虑，朱执信决定留学日本。

1904年冬，朱执信启程东渡，同行者有胡汉民、汪精卫、古应芬等公私费留日学生60多人。到日本后，朱执信进入东京法政大学附设的法政速成科二班，即第二期入学。该校由日本著名法学家梅谦次郎（1860—1910）创办于1904年5月，梅谦次郎于1885年留学法国，1893年任法典起草委员，后参加"法典争论"。梅氏认为法是伴随社会发展而不断进化的，但绝不是伴随社会自然发展、历史地产生的，是受一种"理想法"所支配。他的思想对朱执信产生了一定影响。东京法政大学的宗旨是："以教授清代应用必要之学科，速成法律、行政、理财、外交之有用人才为目的。"学生修业年限开始规定为一年，其后改为一年半、二年，以六个月为一学期。校方聘请岩野新平、清水一郎、笕克彦、有贺长雄、加藤正治等著名学者担任教授。教授方式以日语口授，后由翻译译成汉语，学生用汉语笔记讲义。讲授内容大致分为法律、政治、理财、外交四科。课程计有法学通论、民法、国法学、刑法、国际公法、裁判所构成法、经济法、商法、行政法、民事诉讼法、财政学及监狱学诸科，此外还有实地参观教授，这是朱执信从1905年初入学至次年6月毕业为止，在该校所学习的主要内容。朱执信对数学仍有浓厚的兴趣，"渡日本后，又广购东西洋数学名家之著书而读之，尤好演算难题，寻思苦索，废食忘寝，凡与数学有关之科学，如天文学、力学之类，亦皆通晓"。有专攻数学的同学，往往以深奥难题相质疑，他稍微凝思，便提笔步式，无不立解，同学都叹其敏捷。胡汉民后来回忆说："他校数学专攻科之学生，往往以深奥难解之题质之执信，执信凝思有顷，辄跃然曰：得之矣！"由于有较好的数学基础，所以朱执信主修理财科（即经济科）。朱执信所在的第二班学生成绩特别优秀，梅谦次郎校长称赞之说："他们表现出来的某些才能，作为短期速成科学生，真令人惊叹。"

中国留日学生，成分复杂。就经费来源而论，有使馆官费生、各省官费生和自费生；就年龄而论，年长的有四五十岁，年幼的仅十六七岁；就出身而言，有贵族富豪子弟，有家境贫寒者；就身份而言，有秘密党的领袖，有已备功名的官绅。由于来源不同，所以留日学生思想状况相当复杂。据胡汉民回忆："有纯为利禄而来者，有怀抱非常之志愿者，有勤于学校功课而不愿一问外事者，有好为交游议论而不悦学者，有迷信日本一切以为中国未来之正鹄者,有不满意日本而更言欧美之政制文化者。"但是,追求救国救民道路的学生则占其多数,是留日学界的主流。这批志士抱着富国强兵的理想,急于寻求新知识,除学习日文,准备进专门的学校之外,就是赴会馆,跑书店,往集会,听讲演,如饥似渴地探求西方资产阶级的社会政治学说,宣称要"执卢梭诸大哲之宝幡以招展于我神州土"、"欲求一革命之事,以比乎英、法、美"富强中国。针对康有为等保皇派的宣传,部分学生奋起抗争,章太炎(名炳麟)的《驳康有为论革命书》,使康氏结舌,他的民族思想,对知识界影响很大。邹容著《革命军》,"更爽直痛快,无与伦比,一时畅行于长江流域,以其书易读,中下层社会皆欢迎之"。陈天华著《警世钟》、《猛回头》,亦深受欢迎。

朱执信到日本后,与胡汉民、汪精卫、张树枬、陈融等"与共晨夕,为学问道义之切磋",同时,更加关心祖国的命运。留日学生多是以省份为单位派遣的,到日本后,又是以省份为主体在一起学习,同时创办了以省为名的报纸杂志,如《浙江潮》、《江苏》、《云南》、《秦陇报》、《四川》、《河南》等。此外,还成立了以省份命名的留日学生同乡会。胡汉民、朱执信等人认为,章太炎的《驳康有为论革命书》、邹容的《革命军》等书刊虽极为畅销,"但只言破坏,不言建设",只为单纯的提倡排满,如何把数千名留日学生团结起来,引导他们走上革命道路,这是胡汉民、汪精卫、朱执信等人朝夕思考和努力探求的问题。

1904年2月,日俄两国为争夺中国东北和邻邦朝鲜,以中国东北为主战场发动了日俄战争。这场战争发生在1904年2月至1905年9月间,日本与俄国为了侵占中国东北和朝鲜,进而争夺亚洲及整个太平洋地区的霸权,在中国东北的土地上进行的一场帝国主义战争。俄国最终战败。经过美国调停,两国签订《朴次茅斯条约》。根据条约,俄将旅大租借地转租给日本,长春至旅顺段的中东铁路支线及一切附属权利、财产均无条件让与日本。朱执信对此十分关切，慨言："祸国殃民至斯而极，若不急起图存，国将不国。"他认为，清政府在日俄战争中保持中立，恰恰是其成为帝国主义忠实走狗的具体表现。因此，他认为，要救国图存，首要的任务是推翻清政府，"国存之道无他，首在先复故土，排满兴汉"。

朱执信勤奋聪慧，在日求学期间，集中精力努力学习。他认为，要推翻清政府的统治，必须有真才实学，而不能空谈，革命需要知识，建设更加需要知识。为此，他常常通宵达旦，不知疲倦地学习，在每次考试中，朱执信的成绩总是名列前茅，同学们都"叹其敏捷"，"惊其造诣之深"。在生活上，朱执信节衣省食，但在购买书籍方面却从不吝惜，他的胞弟朱执如曾回忆说，执信"凡居日本一年半，所领学费，不过六百圆，而所购之书籍，凡数百圆。其在日本所居之客舍，仅三叠（三张席），每日所食，惟白饭及醃菜而已，其苦行节俭，诚有非他人所能为者"。

朱执信还认真地学习日语和英语。他深知，要想真正学到日本和西方资产阶级的社会政治学及其他建国的知识，单靠阅读翻译成中文的书籍是远远不够的，因此必须学通外语，以便直接阅读原文。由于朱执信聪慧、勤奋，又具有学习日语和英语的天赋，进步极快，他的日语和英语都达到较高的水准。

在日本留学期间，朱执信自觉走上了反清革命的道路。

四、革命思想的确立

19世纪末20世纪初是中国灾难深重的年代，也是中国志士仁人立志改革，痛斥君主专制制度，鼓吹革命，追求共和、民主、独立和富强的年代。在民族多难、社会动荡的历史条件下，朱执信与当时许多忧国忧民之士一样，在孙中山反清救国思想的鼓舞下，迅速觉醒。他同其他新型知识分子一样,"感慨风云,悲愤时局,忧河山之破碎,惧种族之沦亡,多欲发奋为雄,乘时报国",成为民主革命的先锋。

1904年,朱执信以官费留学日本。在东京,他结识了孙中山和许多革命党人。从此,他开始确立了革命思想,也开始了他的民主革命活动。

早在1903年1月,湖北留日学生刘成禺、李书城等在东京创办《湖北学生界》杂志,从第6期起改名《汉声》。2月,浙江留日学生张翼中、王家驹等又在东京创办《浙江潮》。同月,直隶学生发刊《直说》。4月,江苏留日学生秦毓鎏、汪荣宝等在东京出版《江苏》。1905年6月,湖南留日学生黄兴、宋教仁、陈天华等在东京创刊《二十世纪之支那》等等。这些刊物宣传革命思想,开创了民主革命舆论的新时代。这些刊物的作者提出各种救国救亡的方案,主张建立民族国家,发扬民族主义精神,形成国族意识;他们还指出要"陶铸国魂",宣传汉族历史和历史上的英雄。这些激动人心的文字宣传,对朱执信影响巨大,使他的心灵得到陶冶,民族意识得到提升,使他认识到天助不如自助,中国的出路只能是革命排满。朱执信参加留日学生的各种集会,商讨宣传革命有关事项,并对国内日益高涨的学生运动表示关注,设法相互激励。

1905年秋,中国同盟会成立于日本东京。朱执信参加了成立大会。并被选为评议部评议员。中国同盟会成立标志着辛亥革命运动进入一个新的阶段。

早在甲午战争时,年仅13岁的朱执信由于父亲的好友杨锐殉难,受到很大的触动,从而使他萌发了反对清政府,立志改革的愿望。朱执信感慨地说:"朝廷腐败到这样的地步,非痛下决心,彻底改革中国的政体,中国则无法挽回颓局。"父亲朱启连为反清终身不做清廷的官吏。舅父汪兆铨往常给朱执信讲述明季沦亡的痛史和清朝推行民族压迫政策和实行的暴政,又激发了朱执信的反清决心。朱执信在跟随沈孝芬读书时,就对描写绿林好汉造反的《水浒传》兴趣浓厚。《扬州十日记》、《嘉定屠城记》等记载清军暴行的书籍对他产生了极大的影响,让他逐步产生了对清军的愤慨,坚定了反对清政府的意志。

1901年,国内革命思潮大兴。在此前后,章太炎发表《驳康有为论革命书》、黄世仲发表《辩康有为政见书》,1903年邹容写了《革命军》,陈天华发表《警世钟》、《猛回头》,倡言排满革命。同时,拒俄运动又起。这一切都让朱执信震撼。邹容说:"革命者,天演之公例也;革命者,世界之公理也;革命者,争存争亡过渡时代之要义也;革命者,由野蛮而进步文明者也;革命者,除奴隶而为主人者也。"革命对于中国来说是事关存亡的重大事件。革命已经不是少数人的行为,而是当时进步思想界的共同追求。

20世纪初,国内外革命形势的发展给朱执信巨大的鼓舞。邹容因写《革命军》入狱,并死于牢中,章太炎因同情和支持邹容也同样罹难入狱,这让朱执信受到了强烈的刺激。到日本留学后,志士们的"反满"思潮更激起了朱执信的救国热忱,在他的脑海和心灵深处开始浮现几个字:"革命"、"排满"。并由此,朱执信开始走向民主革命的道路,这一时期成为朱执信人生永远不能磨灭的一个重要时期。

第二章
投身孙中山领导的革命

加入中国同盟会

阐释孙中山的三民主义

译介马克思主义

组织留日学界维持会

一、加入中国同盟会

在日本法政速成学校，朱执信对孙中山的名字早已熟悉，对他的革命活动和伟大气魄深怀敬意。1905年7月，孙中山莅临东京，朱执信、汪精卫等留日学生即前去会面。多年后，冯自由在回忆孙中山与朱执信等人会见的情况时说："1905年6月[①]，孙总理来自欧洲，遂召集各省同志发起中国同盟会，开会之第一日，毅生预得通知，由渠带领到会之同乡学生，有汪兆铭、朱大符、张树枏、古应芬、李文范、金章、杜林、姚礼修、张荫廷等九人，皆粤省速成法政生。"他们一见如故，相见恨晚，立刻交换排满革命意见，过从甚密。

8月20日，由孙中山倡导，以兴中会和华兴会为基础，联络光复会及中国留日学生，在日本东京成立中国同盟会，孙中山被推举为总理，下设执行、评议、司法三部。同盟会是中国民族资产阶级的革命政党，朱执信由胡毅生介绍加入同盟会，并被选为评议部评议员兼书记。自此，年仅20岁的朱执信跟随孙中山，以身许国，成了孙中山的忠实信徒和得力助手、中国民主革命派的重要骨干和杰出的民主革命家。

中国同盟会的成立，标志着中国的资产阶级民主革命进入新的历史时期。11月26日，为了宣传和鼓动革命，中国同盟会机关报《民报》创刊，孙中山在发刊词中公开提出了以"驱除鞑虏，恢复中华，创立民国，平均地权"为内容的民族、民权、民生三大主义，并解释说："今者中国以千年专制之毒而不解，异种残之，外邦逼之，民族主义、民权主义殆不可以须臾缓，而民生主义，欧美所虑积重难返者，中国独受病未深，而去之易。是故或于人为既往之陈迹，或于我为方来之大患，要为缮吾群所有事，则

[①] 实为7月

《民报》第一号和孙中山撰写的《发刊词》

不可不并时而弛张之。"朱执信在《民报》创刊号上发表了《论满洲虽欲立宪而不能》一文,揭露了清政府"假立宪之名、行专制之实"的阴谋,举起了"革命排满"的旗帜。从此以后,在孙中山的领导下,朱执信矢志革命,为振兴中华,复兴中国的伟大事业忘我地奋斗。

二、阐释孙中山的三民主义

在资产阶级民主革命思想的广泛传播之前,康有为、梁启超所信奉和鼓吹的君主立宪思想在人民群众中有一定的影响。随着革命思想的传播,人们对君主立宪思想日渐动摇。为了抵制革命思想,扩大保皇阵地,1902年,康有为抛出了《答南北美洲诸华商论中国只可行立宪不可行革命书》一文,诬蔑中国人民愚昧无知,不可倡导共和。认为革命不但不能挽救中国的危亡,反而将造成"天下大乱"和"亡国灭种"的后果。梁启超则打出"名为保皇,实则革命"的迷人招牌,肆意诋毁和攻讦革命派。

1906年,革命派主办的《民报》与维新派主办的《新民丛报》,围绕民族、民权、民生三大主义展开大论战。孙中山、章太炎、宋教仁、陈天华、汪精卫、胡汉民、朱执信、廖仲恺、马君武、苏曼殊、冯自由等一批志士纷纷撰文，他们吸引新流，推陈出新，或介绍西方革命史实，或论证民主革命之可行，或详列保皇之谬误，或探奥掘微，说明"夷夏之辨"的合理，或论说反满之必然。这场意识形态领域的激烈的思想交锋，也是中国近代史上一次影响深远的思想解放浪潮，对于动员和组织群众起了重要的促进作用。

在两派的激烈论战中，朱执信以"蛰伸"、"悬解"等笔名，接连发表了《论满洲虽欲立宪而不能》、《德意志社会革命家列传》、《驳法律新闻之论清廷立宪》、《英国新总选举劳动党之进步》、《从社会主义论铁道国有及中国铁道之官办私办》、《北美合众国之相续税》、《论社会革命当与政治革命并行》、《就伦理学驳新民丛报论革命之谬》、《土地国有与财政》、《心理的国家主义》10篇文章，近10万字，深刻揭露和批驳康有为、梁启超保皇立宪、反对社会革命和民生主义的各项主张。其见微知著、理精辞峻的立论，深厚的国学根基，以及伦理学和经济学的修养，加上运用自如的笔法，痛快淋漓的行文，充分显示了其博学多才的特性。有论称："民国纪元前五六年，吾党刊《民报》杂志于日本之东京，执信主任撰述，适卧病，不能执笔，同人强之，乃口述托友代录，不数时，洋洋大文成矣，始终未尝昀一字，胡展堂叹曰，蛰伸天才，洵为我辈所不及。"朱执信围绕孙中山的三民主义，撰写的文章有的放矢，对于君主立宪的批判以说理见长，他在文中对各种观点的详尽评述，思路清晰，读后使人明白是非，启导觉醒。

1. 民族革命与政治革命并举

1901年《辛丑条约》的签订，清廷的卖国行径，激起国人的强烈不满。孙中山指出："我们推倒满洲政府，从驱除满人那一面说是民族革命，从颠覆君主政体那一面说是政治革命,并不是把它分做两次去做,讲到那政治革命的结果,是建立民主立宪政体。照现在这样的政治论起来,就算汉人为君主,也不能不革命。"

朱执信赞同孙中山的民族主义主张,既提倡推翻清王朝的封建专制统治,又倡言建立民主共和国,认为两者应有机结合起来。他指出,满洲政府已腐败到了极点,不进行推翻其统治的种族革命,就不能实现民主共和的目的。"中国自流寇之糜烂,乱臣外附,率虏房以蹂躏中华,国胜社屋,黔首大半屠戮,遂使房尸此君位。"在清廷的统治下,中国积弱积贫,主权丧失,利权外溢,而这全都是清政府的腐败统治所造成。对于如此腐败的政府,应该彻底推翻,"有彼则必无我,有我亦无从曲容于彼也。"而推翻清政府的方法,则只有革命,"舍革命更无他术"。

朱执信依据清政府推行民族压迫、满汉两族相对立的历史,指出自清入关后,反清的斗争从未间断过。他高度赞扬了洪秀全领导的太平天国农民运动及其功绩,指出:"洪氏扶义而起,东南响应,屠胡房以万计。"汉人对于满族的压迫和蹂躏非常之恨。在清王朝统治中国的二百余年中,满汉两族只有"相屠之史,而无相友之迹"。朱执信还将清政府比做"附疽"和"害马","附疽不可不溃,害马不可不除"。只有推翻清政府,才能救国。

对于排满与共和的关系,朱执信认为前者是手段,后者是目的。具体步骤是民族革命在先,只有通过种族革命,才能调动人民群众的革命积极性,才能"伸张"广大人民群众的政治能力,才能达到实现民主政治的目的。朱执信指出:"倡民族主义,而后可倡国家主义。言民族主义,即国家主义在其中矣"。对于什么是国家主义,朱执信作了明确的解释,国家主义是"以创造一独立之国家为归",其目的在于争取"民族之联合或独立"。他说,"吾辈主张真正之国家主义,将以建设新中华国","将建设一独立国家"。主张"民族革命"与"政治革命"同举。

对于清朝统治者和帝国主义之间的关系,朱执信指出,帝国主义国家在中国划分势力范围,妄图瓜分中国。要建立新中华国,首要的是要独立。只有这样,才可以"免外国之侵凌,完中国之利权"。清朝统治者只注意对广大人民群众疯狂地剥削和压迫,在帝国主义面前则十分软弱。"彼满洲之驻防于各省者,画地而居,入其境,则其侵侮无所不至。彼出而至于境外,则恭顺无敢专横"。清政府只知内乱,不知外患。"所谓外患,抑又何损于彼。彼视汉人土地,不甚爱惜,何靳以贻之列强?"朱执信认识到外患的严重性,把挽救民族危亡、避免瓜分的希望,寓于反清排满的民族革命之中。

朱执信还揭露了清政府所谓立宪的骗局。他认为,清政府派遣五大臣出洋以及预备立宪,完全是为了维护其反动统治,"满洲日言立宪,欲以为愚弄一世具,藉保其大位也"。清政府的预备立宪归结于外患刺激所致,这是不正确的,"满洲知内乱耳,何知外患?"清政府只是借助预备立宪的招牌,欺骗人民,对抗革命,维持其反动统治,他们只是"予之口惠,销其锐气,奖以空名,而揽其实权"。

有比较才有鉴别,朱执信从近代中日两国社会情况的比较中,进一步阐述君主立宪在中国行不通。他指出,中国此时的国势不同于日本,"中国人民,久受困苦于此恶劣政府"。广大人民与清政府如同水火,势不两立。中国人民所希望、所要求的,绝不是"虚名之立宪",而是实现民主共和。朱执信坚信,清政府预备立宪的骗局是不会长久的,"真鼓吹革命者,方且以破邪自任,廓清思想,以迓完全之新知,致一般之幸福。而伪不可久,诚不可晦。"

2. 依靠贫民革命,建立民主共和国

长达两千余年的封建专制统治,国家没有民主制度,人民毫无权利。

以孙中山为首的革命派高举政治革命的大旗，明确提出要推翻封建君主专制统治，建立一个民主共和国，还政于民。孙中山指出："今者由平民革命以建国民政府，凡为国民皆平等以有参政权，大总统由国民公举。议会以国民公举之议员构成之。制定中华民国宪法，人人共守。敢有帝制自为者，天下共击之！"国体民生"虽经纬万端，要其一贯之精神则为自由、平等、博爱"。

朱执信认为，清政府是实行封建暴政的恶劣政府，在其统治之下，国人犹如奴隶。因此，通过政治革命，推翻封建暴政，把人民从封建专制统治下解放出来，建立民主共和国，是历史的进步和社会发展的必然。朱执信将所希望的民主共和政体称为"心理的国家主义"。在他看来，国家可分为二种，一是法理的国家，亦即是以法律定其人所属的国家，即客观地观察的国家；另一种是心理上的国家，是个人心中所自定的归向，亦即是主观地观察的国家。前者是支配的事实，无是非可言，后者根于历史的民族的思想以定其依归。法理的国家主义是不正确的，只有心理的国家主义才可行，而心理的国家主义即是缘于同一的民族与共同的历史感，提倡心理的国家主义必先提倡民族主义。

朱执信以荷兰、德国、爱尔兰、挪威等国为例，阐明了提倡心理国家主义的必要性。他指出国家主义之最早倡导而获成功的荷兰，其独立实以"心理的国家为基础"，德国的统一运动，"亦立于心理的基础之上"，即理想的德意志联邦。朱执信指出，凡是提倡心理的国家主义，都必须以创建一个独立的国家为目的。而要创建一个独立的国家，就必须有一理想，然后见之于实施。这一理想，就是其所主张的国家主义。中国有四千年的历史，四万万的人民，这是心理的国家主义的坚实基础。他疾呼："以纠合同民族创建共和国为理想，而驱除鞑虏、恢复中华，则达此目的之手段。"

对于政治革命的依靠力量，朱执信认为必须依靠"细民"（又称"平民"、"贫民"、"劳动阶级"等），细民是英文 proletarians 一词的汉译。朱执信以中国历史上历次的农民起义为例，说明广大人民群众在社会发展中所起的作用，"中国往代揭竿之事，多起于经济之困难，于汉、唐、明之末季尤著"。清兵入关后，以下层群众为主体的，以"反清复明"为斗争目标的会党组织，彼此团结，沉重地打击了清王朝的专制，他们对中国社会的作用，已"为世所共知矣"。因此，今后的中国革命，必须依靠细民。只有实行政治革命，细民才能享受民权之资格，"非有政治革命，平民不能掌此权"。政治革命就是要建立一个"贫民专政"的国家。对于这个国家的名称，朱执信谓之为"新国"、"中华共和国"、"共和国"、"新中华国"等。

朱执信认为，细民在议会组成以后进入议会，不会妨碍政治革命的进行，也不会引起社会秩序大乱。他说，占中国人口绝大多数的贫民，是中国革命的主体。推翻满清后，他们最具备议员的资格。以绝大多数贫民议员组成的共和政府，中国社会的秩序势必安定团结。贫民之代表加入议会，就会代表绝大多数人的利益，"其议决势不得私"。所以"贫民之专擅，决不必虑"。朱执信同时指出，如果只让少数人进入议会，则会有许多不利。"居少数者欲自利，则可背公而为不正之议决"。

朱执信同时指出，革命力量"必不出于豪右"，豪右是从英文 baurgeois 翻译而来的，它包括资本家以及"运用资本之企业家"。豪右对待革命的态度动摇不定，"什九持两端，视政府利则从政府，洎革命军捷，则又从革命军耳"。他们所要求和希望的不是革命，而仅仅在于"保其现在已集积之富，而不在希望将来之巨获"。因此，中国革命运动，其力量"必不出于豪右"，"亦绝不以豪右为中心点"。导致人民反抗政府的根本原因在于经济组织的不完善，而这是豪右组成的政府的经济垄断所引起的。他说："唯图苟且之安，而无百年之计，政府未覆而戴新主，及其功成，相与休息，更不闻有为谋大多数衣食完足之道者。"

3. 社会革命与政治革命并行

社会革命与政治革命并行论，最早由孙中山提出。他认为，进行社会革命不仅是必要的，而且是可行的。社会革命的对象是土地与资本问题，而解决此问题的途径，则为核定地价、照价纳税、照价收买和涨价归公。

朱执信深谙政治经济学说，极力主张改变经济秩序，进行社会革命，坚定地支持孙中山的主张，赞同孙中山的社会革命思想。为阐发社会革命思想，批驳梁启超等人的非难和攻击，朱执信旗帜鲜明地表示："社会革命与政治革命当并行者，吾人夙主张者也。"

朱执信首先分析了中国的社会状况，认为社会革命的原因，在于"社会经济组织之不完全"。中国历代农民举义，大都是由于经济困难而引起的。但经济困难只是表象，其实质则在于"放任竞争，绝对承认私有财产权"的社会制度。放任竞争的结果，"生无数贫困者，而一方胜于竞争者，积其富，日益以肆矣"。社会革命就是对上述社会制度所产生的流弊而进行的一种改革。

从西方资本主义国家的历史事实中，朱执信论述了放任竞争、绝对承认私有财产权制度给社会带来的种种恶果。放任竞争使社会财富日益集中于少数人的手中，"贫富悬隔"、"富豪跋扈"、"社会之苦痛，遂无暂已之期"。社会革命运动，"必归于社会贫富悬隔而起"。

朱执信随后论述了社会革命与政治革命并行的理论。他指出：如果政治革命胜利后再进行社会革命，贫富悬殊的现象必不可免，政治革命的成果就会丧失。如让豪右跋扈国中，"不转瞬政权复入于彼手"，社会则恢复到革命以前的旧模样。如果不进行政治革命，仅仅为生存而进行社会革命,那么专制统治一如既往,社会革命的结果必为豪右所获。清政府"挟其政治上势力,可为己谋便安,制为专利彼族之法,社会革命之效果,亦归于无有也"。只有社会革命与政治革命同时进行,中国才能独立富强,"非并行政治革命、社会革命,终无能苏生之日"。因此,朱执信指出,"既得其一,斯当知足而止,余更俟之他日也"的观点是错误的,他强调社会革命必须与政治革命同时进行,"两相依倚,成则俱成,败则俱败"。

朱执信分析了中国进行社会革命的有利条件。其一为"中国今日富之集积之事不甚疾"。这种"富不甚疾"的社会状况,有利于进行社会革命,"当其未大不平时行社会革命,使其不平不得起,斯其功易举也"。若不做到防患于未然,那么待到大工业生产广泛兴起之时,"此利便为全失矣"。其二为"中国社会政策于历史上所屡见,不自今日始"。汉代诏敕、宋代王安石的青苗法、明代的屯卫制等经济政策,都为今日社会革命提供了有益的借鉴。

关于社会革命的主要内容,朱执信着重阐发土地国有和铁道国有主张。他认为,土地国有是由"文明日进,地租日增"社会发展的总趋势所决定的。地价数倍地增加,纯"由社会之进化以生,不由劳力资本"。因此,占有土地的少数人,在社会日趋进化之机,在地租日益增多之时,便可获而不劳,坐取地租增多之暴利。这样下去,势必形成富者愈富、贫者愈贫的社会状况。

为实现土地国有,朱执信认为,应分为两个阶段,即先使土地法定而归国有,然后使土地所有权尽归国有。在前一阶段,由于"土地之价值总额过大者,决不能以单纯一次收买之方法为满足"。因此,应制定法律,规定土地虽仍属地主所私有,但要限制土地的"让渡之权"。在后一阶段,国家可通过收买的方法将土地尽归国有。收买方法有两种:"先给国债券,而后偿还,一也。划定价值后,有增价悉以归官,然后随时依价收买,二也。"朱执信认为,"此两法可并行不相悖,而第二法尤便利",便利之处在于从划定地价开始到有土地买卖为止，以最初划定的价格归卖主，而其增价属国家。

朱执信主张"单税论"。他说，土地"完成之日，则可尽废诸税，独以土地收入得供国用，此吾人所夙主张者也"。土地税主要以田地收入为主，"田地之租，要为土地收入之一大宗"。但是土地税绝不"以田地之租为全收入"。除此之外，还有宅地、山林、湖沼河海、水电、铁道等税。"吾辈之言土地国有，本指全土地言。"朱执信认为，"宅地之收入，自必以都会之地租为首位。"而矿产，中国则是世界上最富有的国家，"且其采取不甚困难，故其收入比较他国为多"，"森林之收入，亦可为将来国库收入之一大宗；利用瀑布河滩等自然资源发电，其所需资本可大减，而其所生电力之价值，比丁其资本为甚大。"

朱执信的土地国有的思想，深受亨利·乔治的"单一的土地税"的影响。

亨利·乔治（Henry George，1839—1897），又被译为佐治·基亨利、轩利·佐治、亨利·佐治等，美国经济学家、政论家、土地改革论者，代表作有《进步与贫困》一书。他认为，导致贫富的根本原因在于社会进步所产生的利益全为地主所占有，经济发展导致土地日益不足，从而使地价上升，游手好闲的地主不惜牺牲生产要素中的劳动和资本代价，为自己攫取更高的收益。他极力鼓吹"土地改革运动"，主张国家在不"买回私人的地产"，也不把"私人的地产充公"的前提下，先"以单一的土地税代替一切的税的方法"，把地租变成交给国家的赋税，使土地成为"实际的公共财产"。并提倡公用事业公有化，这样就可以避免垄断土地致富，使社会财富趋于平均，实现人类文明共享的社会主义。朱执信认同亨利·乔治的土地单税论。他说："文明日进，地租日增，虽理嘉图之例，以征证不足，诎于圭列，而地租增进之事实，诚不可掩。由此渐增之趋势，推测土地为一二私人独占之效果，因谋其救治之术，而令其渐增之益归之社会全体，则可以达社会政策之目的。斯亨利·佐治土地单税之说所由贵也。"

关于铁道国有，朱执信认为它是中国最大的国有事业。他指出："国有者，以其经营之权归属于国家或公共团体之谓也。国有铁道之政策，以国家握其全国各线路之经营之权利为目的者也。"实现铁道国有，就可以达到"抑制私营自然独占事业者之专横"而"致社会上幸福"的目的。

朱执信分析了资本家私营铁道的危害。他认为，私营铁道，就是独占铁道，即"不受竞争掣肘之事业"，有"左右其价格之力之从事于一种业务者之有统一之活动"，资本家"既独占而无与竞争者"，那么，"其价上下，唯意所知。所欲与君，则特优之"。

鉴于此，朱执信提出了"抑制专横之方法"。他认为，在国外所提出的竞争主义、政府监督主义、政府所有主义三种方略中，后者是最好的方法，是为"吾辈所倡者也"。铁道国有还有利于乘客、职工和全国人民。除此之外，在收益方面，可以增加国家收入，"即以为国民之福利"，而不像"资本家之获益以扩张其势力，对于他营业使屈下媚悦己，对于劳动者益事压制也"；在管理方面，国有铁道"不以媚悦资本家为容身之术，而以其所事为公务之一种，则不得偷慢"；在营业方法方面，国有铁道"皆为公之事项，表彰于外"，可以受到社会的监督，不用担心别的机关的专擅。

三、译介马克思主义

19世纪中叶，部分进步的中国人开始介绍和宣传西方的社会政治学说。19世纪末，马克思的名字便频频出现在国内的报端。据有关学者研究表明，中国最早介绍马克思及其学说的书籍是1898年广学会于上海出版的《泰西民法志》。20世纪初，随着中国到海外留学生的迅速增多，知识分子的队伍不断壮大，他们在寻找救国救民真理、学习近代西方资产阶级先进思想的过程中，开始接触并介绍了马克思及其学说。1905 年 11 月—1906 年 6 月，朱执信在《民报》第 2、第 3、第 5 号上发表的《德意志社会革命家列传》、《论社会革命当与政治革命并行》等文，介绍了马克思、恩格斯的革命活动，翻译了《共产党宣言》十大纲领和《资本论》的有关内容。

《德意志社会革命家列传》，16000 余字，由绪言、马克思、拉萨尔三部分组成。绪言千余字，扼要介绍了写作目的；马克思一节近 7000 字，详细介绍了马克思、恩格斯的生平事迹及其学说；拉萨尔一节 8000 余字，较为详细地介绍了拉萨尔一生的活动及其思想。后两节的末尾，都有"蛰伸子曰"一段话，对马克思、拉萨尔及其学说进行适当评论。《论社会革命当与政治革命并行》，11000 余字，旨在"使人晓然于社会革命当与政治革命并行之理由"，介绍了马克思、恩格斯的生平及其学说的一些基本原理。朱执信对于德意志社会革命家的评价较为客观，注重于事功的介绍，让国人了解他们的生平思想，但对于他们思想的评判则略显不足，没有明显的倾向性。

1. 对马克思、恩格斯的生平与事功的介绍

朱执信通过对马克思和恩格斯生平及活动的介绍，强调了马克思和恩格斯在国际共产主义运动中的重要地位和作用。

朱执信首先简要介绍了马克思的家世。他指出，马克思出生于德国的特利尔（Trier），父亲原信奉犹太教，后改信基督教，职业为律师。后着重介绍马克思的革命活动。他说，马克思"少始学，慕卢梭之为人，长修历史及哲学，始冀为大学祭酒"。1842—1843 年，马克思以《莱茵报》为阵地，撰写了《评普鲁士最近的书报检查》、《关于出版自由和公布等级会议记录的辩证》、《关于林木盗窃法的辩证》等一系列文章，"奇肆酣畅，

风动一时",当世人士以不知马尔克（即马克思）之名为耻。马克思"日搜讨社会问题而加以研究,学乃益进"。普鲁士政府于1843年下令查封《莱茵报》。马克思"郁郁不自得,已无如何。俄被放逐,乃西适巴黎"。在巴黎,马克思与亚那尔卢叙（即阿·卢格）相识,两人"倾盖心醉,遂定交焉",创办《德法年报》（今译《德法年鉴》）。此时,马克思批判地研究英国古典经济学家亚当·斯密、大卫·李嘉图的著作和法国空想社会主义者昂利·圣西门、沙尔·傅立叶等人的著作,探索"社会主义之奥窾,深好笃信之,于《德法年报》大昌厥词"。因资金问题,《德法年报》仅出版第一、第二期合刊便停刊。之后,马克思常为《前进报》撰写文章,抨击普鲁士政府。1845年1月,法当局为讨好普鲁士政府,下令将马克思等人驱逐出境,马克思被迫出走比利时的布鲁塞尔。"法之名政治家也,素亲普,时相法,不欲以是恶之,乃逐马尔克（马克思）。马尔克困顿无任,仡北走比律悉（即布鲁塞尔）。"

马克思与恩格斯是伟大的共产主义战士,世界无产阶级革命运动的伟大导师和领袖,两人在争取人类解放的伟大事业中患难与共,亲密合作。朱执信在介绍马克思的同时,对恩格斯的家世和青少年时期的活动也作了叙述,指出"嫣及尔（即恩格斯）者,父业商,少从事焉"。恩格斯在从父经商的同时,"习知其利苦,乃发愤欲有以济之,以是深研有得"。自与马克思在巴黎相识后,"学益进"。1845年,当马克思来到布鲁塞尔时,"嫣及尔也从之北游"。两人便同各国革命知识分子和先进工人建立了广泛的联系,掌握了《德意志——布鲁塞尔报》,出版《共产主义杂志》,"播其学说于比律悉之日报间,言共产主义者群宗之"。

1847年12月,共产主义者同盟第二次代表大会闭幕后,马克思和恩格斯受大会委托起草一个公开发表的纲领——《共产党宣言》,"马尔克（即马克思）之事功,此役为最"。1848年1月,马克思和恩格斯在伦敦出版了《共产党宣言》一书，该书出版后，"家户诵之，而其所惠于法国者尤深，时际法国革命"。

1848年4月，马克思和恩格斯回到德国。次年底，出版《新莱茵报》。该报无情揭露大资产阶级同国王进行的种种妥协活动，坚决反对当权者企图以奥地利或普鲁士为中心来达到自上而下的统一，赢得了广大人民的支持，发行量骤增，很快遭到当局的敌视和迫害，"益逢政府之怒"。9月26日，《新莱茵报》被勒令停刊。后经马克思和恩格斯等人的种种努力，于10月12日复刊。但是普鲁士政府"复禁发其刊而放其主笔"。马克思在当局的驱逐下，来到巴黎，开始了长期的流亡生活。在巴黎，马克思与恩格斯并肩战斗，为完善马克思主义理论体系共同努力。

朱执信对马克思、恩格斯及其学说的介绍给中国知识界传送一种新的思想。中国人开始对科学社会主义创始人马克思、恩格斯的伟大形象，以及他们创造的共产主义学说的历史地位和作用有所了解。1883年，马克思卒于伦敦，1895年恩格斯亦逝世，这是全世界进步人类的巨大损失。朱执信寄予同情和惋惜。

2. 对《共产党宣言》的介绍

《共产党宣言》是国际共产主义运动的第一个战斗纲领，是历史上最有影响力的政治文献之一，列宁称其是马克思学说"完整的、系统的、至今仍然是最好的阐述"。马克思和恩格斯"以自己的宣言创造了一个时代"。

共产主义在创立的同时，社会上存在着形形色色的社会主义，有德国魏特林的平均主义的空想社会主义，有法国圣西门、傅立叶的空想社会主义，以及欧文的英国空想社会主义，及法国普鲁东的社会主义等，但是，"能言其毒害之所由来，与谋所以去之之道何自者，盖未有闻也"，所以，均"空言无所裨"。朱执信认为，之所以如此，乃是因为"社会革命家自为计未审之过"，而马克思的社会主义与以上不同，"自马克尔以来，学说皆变，渐趋实行，世称科学的社会主义"。对于《共产党宣言》的重要性，朱执信又指出："马尔克又以为当时学者畏葸退缩，且前且却，遂驾空论而远实行，宜其目的之无从达也。苟悉力以从事焉，则共产之事易易耳。"

《共产党宣言》依据唯物史观考察了全部人类社会的历史，特别是资本主义产生和发展的历史，揭示了资本主义必然灭亡、共产主义必然胜利的客观规律，向全世界庄严地宣告："资产阶级的灭亡和无产阶级的胜利是同样不可避免的。"朱执信介绍了阶级斗争学说，认为，"马尔克之意，以为阶级争斗，自历史来，其胜若败必有所基"。他认为，过去的资本家"啮粱肉，刺齿肥，饱食以嬉"，而当今则"无复保其势位之能力"。所以"推往知来，富族之必折而侪于吾齐民，不待龟筮而了也"。朱执信阐释了"一切社会的历史都是阶级斗争的历史"的思想，他说："自草昧混沌而降，至于吾今有生，所谓史者,何一非阶级争斗之陈迹乎？"他向人们解释："取者与被取者相戕，而治者与被治者交争也。纷纷纭纭，不可卒纪。虽人文发展之世，亦习以谓常，莫之或讶，是殆亦不可逃者也。"

为了用革命暴力消灭资本主义制度，建立共产主义新制度，朱执信也赞同马克思、恩格斯提出的"全世界无产者，联合起来"的口号。他说："凡共产主义学者，知隐其目的与意思之事，为不衷而可耻。公言其去社会上一切不平组织而更新之之行为，则其目的，自不久达。于是压制、轻侮吾辈之众，将于吾侪之勇进焉砻伏。于是世界为平民的，而乐恺之声，乃将达于渊泉。噫来！各地之平民，其安可以不奋也。"这也就是今天人们所熟悉的那段脍炙人口的马克思、恩格斯名言："共产党人不屑于隐瞒自己的观点和意图。他们公开宣布：他们的目的只有用暴力推翻全部现存的社会制度才能达到。让统治阶级在共产主义革命面前发抖吧。无产者在这个革命中失去的只是锁链,他们获得的将是整个世界。全世界无产者,联合起来!"

为实现无产阶级专政,《共产党宣言》提供了十条措施,朱执信认为:"然则吾人不可无先定其所当设施,而为世界谋万全之道,以待其行之之机也。""凡是诸设施,亦不必凡国皆宜,必善因其国情以为变,而在最进步之社会,则必当被以如下之制"。朱执信将这十条措施全部译出。即:1. 禁私有土地,而以一切地租充公共事业之用。2. 课极端之累进税。3. 不认相继权。4. 没收移居外国及反叛者之财产。5. 由国民银行及独占事业集信于国家。6. 交通机关为国有。7. 为公众增加国民工场中生产器械,且于土地加之开垦,更时为改良。8. 强制为平等之劳动,设立实业军。9. 结合农工业,使之联属,因渐泯邑野之别。10. 设立无学费之公立小学校,禁青年之执役于工场,使教育与生产之事为一致。

朱执信着重对第2、第3、第10条做了说明。对累进税,他指出:"累进税者,使富人应其财产而纳税之率增加。不但数量增加而已。即如常人税百二三者,稍富百六七,大富百十,乃至百二十。"只有这样,方使"富者以税故渐而贫,而应其贫,税随之轻,卒至凡人齐等,无大贫富,税率亦近均一矣",从而达无贫富差别的目的。这对于不劳而获的人来说,是"策之最上者也"。而反对累进税者,是考虑到"富家之因而不利耳,未尝比较其轻重。而推其误谬之源,则在未解资本之性质也"。朱执信在总结西欧诸国对累进税所持的态度后,乐观地指出:"近日行累进税之国渐多,于瑞士其成效尤著,抨击者日息而颂美者渐多,抑亦进步之一证也。"对不认相继权(即继承财产权),朱执信认为废除地主、资本家和高利贷者的亲属继承财产的权利,"数十年之后,且可绝资本家之迹";而对那些"财产甚少,债务过多者,亦可以破产之法被之也"。关于教育与生产劳动相结合时,应先普及教育,使广大青少年都有受教育的机会,"即使为生产者,必受相当教育"。

《共产党宣言》指出,在资本主义制度下,无产阶级没有一点生产资料,生产越发展,他们的生活越贫困。资产阶级使工人过着奴隶般的生活,无产阶级要靠社会救济来生活。因此资产阶级再也不能照旧统治下去了。朱执信介绍道:"今者资本家雇主无复能据社会上之阶级矣,彼辈无复能使其所以生存之现组织为支配此社会之法则矣。故彼既不足支配社会。何则?彼辈使凡劳动者,虽方供役于彼犹不得以全其生故也。夫彼等既使劳动者贫困使至为穷民而不可不扶养矣。"朱执信又指出有两点应当注意:其一,"经济上变迁之阶级对抗及阶级竞争。其二,则社会运动是也。"

《共产党宣言》自诞生之日起,推动了全世界无产阶级争取解放的斗争,成为国际无产阶级革命运动的行动指南。对此,朱执信写道:"马尔克既草《共产主义宣言》,万国共产同盟会(今译共产主义联盟)奉以为金科玉律。故颂美马尔克,诟病马尔克者,咸是焉归。"

朱执信对《共产党宣言》的评价,让中国人第一次了解了《共产党宣言》的基本精神和内容。这在中国知识界的影响重大,发挥了启导作用。

3. 对《剩余价值论》及《资本论》的介绍

朱执信认识到《剩余价值论》和《资本论》所阐述的政治经济学理论的重要性,赞扬两书"学理上之论议尤为世所宗者"。

马克思认为资产阶级存在的基础是对工人阶级剩余价值的占有,无产阶级同资产阶级是两个根本利益上完全对立的阶级的思想。朱执信对此也有认识。他说:"马尔克以为:资本家者,掠夺者也。其行,盗贼也。其所得者,一出于朘削劳动者以自肥尔。"

对于劳动产品与资本的关系，朱执信认识到，在经济不发达时代，"凡生产消费，本不必一一同符，时而有余，时乃不足"。在有余之时，便会想到不足之时，于是便会有"贮蓄之事"。而"谓蓄积者，必得诸人，而非用余庋置"。把储蓄然后用于生产上，就会生产出更多的东西，"是为资本之始"。但经济发达后，情况便不同了。此时"交通既繁，贷借之事乃起，而劳动者或用他人之资本矣，既乃有雇佣之制"。雇佣劳动，是工人所受贫困的根源，"雇佣者，受给而生产益多，故久且不废，然而劳动者之祸于是焉兴"。"蓄积由庋藏之事益少，而其由掠夺之事渐盛矣"。资本家所支付给工人的工资，"远不逮所获果实"。雇佣劳动导致了资本家与工人的对立，"自是以往，劳动者，无息肩期矣。资本家因其所得，益扩张之，发而愈多，遂成积重难返之势。劳动者所获，仅足糊口，无从更为储蓄以得资本"。

对于产品的价格，朱执信指出"凡制品之市价以产出之所必需之劳动与运致诸市之劳动而成"，因此，"使价之增，惟劳动者。食其价增之福者，也宜惟劳动者耳"。但是，资本家付给工人工资却不是这样，从而使"工人不得食所增于物价之金也"。

对于工人与工业机械化的关系，朱执信也认识到随着技术的进步，劳动者更加贫困。他说："所谓改良者，非他，节勤劳之费耳。然则职工劳动如旧，而受损益多。新机械之发明，资本家之利，劳动者之害也。工业改良益行，劳动者益困顿而已。"

对于消灭资本家对工人剩余价值的无偿占有的方法，马克思、恩格斯认为，只有通过革命暴力，彻底摧毁资产阶级的统治，才能达到。遗憾的是，朱执信的认识未达到这一点，他认为解决资本家无偿占有工人剩余价值的方法有两个：一为《共产党宣言》中所举十条，一则为农工奖励银行之设置。农工奖励银行，专门将资本贷于农工业劳动者，鼓励农工业劳动者以致富。

显然，朱执信的说法，不完全符合马克思和恩格斯的原意。

除了对马克思、恩格斯的介绍外，朱执信还介绍了德国早期工人运动活动家、机会主义代表人物之一、全德工人联合会创始人拉萨尔（1825—1864）的生平及思想等。拉萨尔早年在柏林大学攻读哲学、语言和历史，接受黑格尔的唯心主义哲学体系，1844年获哲学博士学位。1848年欧洲革命期间，参加杜塞尔多夫民主派的革命活动，并与马克思、恩格斯结识。1859年他出版历史剧《弗兰茨·冯·济金根》，反对通过自下而上的革命道路统一德国。1863年3月，他又提出一整套机会主义理论作为工人政纲的基础，主张在资本主义制度下，工人阶级的贫困是由所谓"铁的工资规律"造成的。这个规律使工人的平均工资始终停留在一国人民为维持生存和繁殖后代、按照习惯所要求的必要的生活水平上。解放工人阶级的唯一道路，即废除铁的工资规律的唯一道路，是依靠国家帮助发展工人合作社，使工人获得全部劳动所得，而这只有通过普遍的、直接的选举才能实现。1863年5月23日全德工人联合会成立，拉萨尔当选为联合会主席。

拉萨尔的思想属于机会主义、改良主义，与马克思、恩格斯的学说具有本质的不同，朱执信未能指出两者的不同，说明朱执信思想仍有局限。虽然他对马克思主义的译介抱着积极的态度，但他在理解上仍有不足，在解析上也不够全面系统。尽管如此，朱执信对马克思主义的译介，赢得了人们的高度赞誉，他被称为是"同盟会中真正研究马克思主义的人"，"共产党人之前介绍马克思主义的代表人物之一"。毛泽东曾说，"以前有人如梁启超、朱执信，也曾提过一下马克思主义……朱执信是国民党员，这样看来，讲马克思主义倒还是国民党在先"，毛泽东称赞朱执信是"马克思主义在中国传播的拓荒者"。可见，朱执信译介马克思主义的工作，对于马克思主义在中国的传播，也起了重要作用。

四、组织留日学界维持会

中国留日学生到1905年已增至8000多人。中国同盟会成立以后，中国的反清革命运动日趋高涨，极大地震动了清政府。为抵制留日学生的革命活动，1905年11月2日，日本文部省应清政府要求，颁布《关于清国人入学之公私立学校之规则》，共15条。规定中国留日学生不论入公立或私立学校均需找官厅作保，由清驻日公使出具证明；在入学志愿书上必须写明本人入学前的履历、介绍入学官厅的名称；学生无论在校寄宿或在外租用旅馆，须经日本政府审查批准，由日本文部大臣派专人负责监督；学生在校言行要随时载入学籍簿内；凡因参与政治活动指令退学者不复入学。并制订校外监督方法，对中国留日学生强行进行书信检查。文部省训令各有关学校校长，声称清国人在本邦留学者愈来愈多，其中可能有人议论本国政治，举动不当，必须密切注意。文部省，全称文部科学省，是日本中央政府行政机关之一，负责统筹日本国内教育、科学技术、学术、文化及体育等事务。文部科学省的首长称为"文部科学大臣"，是内阁成员，多数从国会中由首相任命。文部省颁布有关中国留学日本学校的规则是在禁止中国留学生利用日本进行反清斗争。

《关于清国人入学之公私立学校之规则》颁布后，激起中国留日学生的强烈反对，一场轰轰烈烈的谴责日本当局的斗争随之掀起。11月27日，中国留日学生决议上书清政府驻日公使，详细罗列理由，要求日本取消《关于清国人入学之公私立学校之规则》。12月3日，留日学生在东京召开代表大会。次日，胡瑛、宋教仁、杨卓林等联合各校代表成立了留日学生联合会，要求日本文部省取消规则，同时发布自治规则，维持学界秩序。6日，东京弘文学校等8校首先停课。朱执信就读的东京法政大学附设的法政速成班迫于公论也停了课。

12月8日，既愤于日本报纸的嘲讽诋毁留日学生的爱国行为，又痛心于留学生中极少数不知自爱的人的保清行动，陈天华在日本东京大森海湾投海自尽，希望以死来启发留日学生的觉醒。消息传出，群情激愤，2000多名中国留日学生相继罢课准备回国。但朱执信、胡汉民、汪精卫都不赞同留学生罢课回国的行动，认为此事为学界问题而非国体问题，是事理之争而不是感情之争。因此不应当全部反对，也不应该全部停课，更不能全部退学回国。朱执信认为，"此事终出于最坏之动机，吾人自可运动打消之，退学归国为下策"。他指出，同盟会成立才三个多月，《民报》创办才两期，如果"一哄归国，无异为根本之摇动，使仇外者快意"。

12月24日，朱执信、胡汉民、汪精卫等正式成立了一个以反对集体归国为宗旨的留日学生团体——维持留日学界同志会。会章规定，"本会以维持学界秩序为主旨"，"此次文部省规则，既经解释，于本会原章之目的已达。应即劝和各校同学一体上课"。朱执信等人主张忍辱负重，以求学为前提，不轻言返国。参加同志会的留学生有2000余人，朱执信在同志会中担任书记。

孙中山在美洲得知这一情况后，生怕同盟会员大批回国被清政府一网打尽，他在给汪精卫等人的电报中，也明示不赞成留日学生全体回国之举。加之当时清政府准备在上海逮捕归国留学生的传闻，以及日本学校劝说学生返校复课的行动，于是，留日学生召开协商会议，通过复课的决议。日本文部省也表示暂缓执行这一规则，取缔《关于清国人入学之公私立学校之规则》遂无形取消，学界以安，斗争以胜利而告终。至1906年初，中国留学生正式恢复上课，一场风波终于平息。这其中有朱执信的功劳。

第三章
光复广东的斗争

教书与革命

发动会党和新军参加革命

暗杀水师提督李准

戊申、庚戌广州举义

积极参与"三二九"广州黄花岗起义

在广东光复中的贡献

1907年初，孙中山决定率领留日学生返回祖国，密谋举行武装反清起义。在当时，没有蓄发辫政府不允许入境，朱执信因一直坚持留辫，安然返回广州，执教于广东高等学堂和广东法政学堂。关于朱执信的辫子问题，还有一个小插曲，在日本留学期间，某日胡汉民和汪精卫共同劝说朱执信剪掉辫子，不料朱执信突然拔出小刀，说"谁再劝我剪辫子，我就和谁拼命"，结果剪辫一事不了了之。是年，朱执信与表妹杨道仪女士结婚。

一、教书与革命

　　广东高等学堂和广东法政学堂，是清末新政的产物。学生多为本省官吏、各府州县保送的绅士。时任法政学堂监督的夏同和，礼聘朱执信、张树枬、古应芬、杜之杖、叶夏声等回国学生为教员。夏同和（1868—1925），字季平，号用清，又自号狮山山人，贵州麻哈州（今麻江县）人。1893年中状元，授翰林院修撰。1906年，受派赴日学习工业和经济。法政学堂开设有初级法律本科一班，法律速成科二班，政治本科一班，理财本科二班、预科四班。朱执信担任《应用经济学》、《中国财政史》等课程，期间著有《中国财政史》一书。朱执信聪明好学，智慧过人，他上课条理清晰，内容丰富，深入浅出，深获学生喜爱。

　　生活上，朱执信艰苦朴素，他留有长辫，经常穿着父亲遗留的旧式衣服。对此，有人讥笑他为立场顽固、思想保守的伪君子。其实，朱执信是以此作为掩护，便于宣传革命思想。广东高等学堂和法政学堂，既是朱执信任教之地，又是革命党人经常联络之处。稍后，相继回到广东的同盟会员，常到朱执信处报到登记，并接受朱执信分配工作。

　　学堂是培养人才的地方，朱执信常常利用学堂向学生灌输革命思想，培养和造就革命人才。时就读于广东法政学堂的陈炯明、邹鲁等学生，深得朱执信的赞识。朱执信经常向他们介绍西方资产阶级民主政治的学说，揭露清廷的腐败无能。在朱执信的影响下，他们与朱执信过往甚密，接受了革命思想，走上了革命道路。

1910年，朱执信因在法政学堂宣传革命而被解职，转任两广方言学堂，他仍然利用课暇向学生宣传革命思想，继续暗中经营革命活动。朱执信的同事张次溪曾回忆说："方言学生，平日熟闻民族民权之说，执信又力为鼓励，故学生之加入同盟会者甚多，皆执信为之介也。"为更加深入地开展革命活动，避免清政府的监视和破坏，朱执信秘密设立革命机关于广州下旗街，每当课余，他便到秘密机关会同各同志策划斗争，商议到深夜四五更。朱执信以两广方言学堂的学生为掩护，以学校为中心，成立了攘夷排满的"尊孔会"。"尊孔会"打着研究和弘扬汉民族精神的旗号，宣传反清排满的"夷夏之辨"思想，凝聚了一批思想激进的学生。

二、发动会党和新军参加革命

会党是通过民间秘密结社联系起来的一支有组织的群众队伍。他们多出身失业或无业游民，具有互助和反清要求，与革命党人的革命宗旨有某些共同之处。因此，革命之初，孙中山就赞扬："内地之人，其闻革命排满之言而不以为怪者，只有会党中人耳。"黄兴也主张"革命军发难，以军队与会党同时并举为上策"。朱执信与孙中山、黄兴的看法大致相同，认为会党具有强烈的反清要求，是革命的主力军之一。

为组织会党参加革命，朱执信常常赴广东南海、番禺、顺德等地，对会党成员进行耐心的说服和组织工作。对于会党所沾染的盲动性和缺乏纪律恶习，朱执信热情地引导和教育。在他的努力下，许多会党成员接受了同盟会的领导，不少还加入了同盟会。1907年5月至1908年4月间，会党先后参加了广东饶平黄冈、惠州七女湖，广西防城、钦州马笃山、镇南关（今友谊关），云南河口等六次武装起义，其中不少会党成员都与朱执信有所联系。1910年广州新军起义，革命党人的计划就是以新军为主首先发难，继以会党成员响应，实现夺取广州为目标。1911年广州"三二九"黄花岗起义，朱执信、胡毅生等积极联络广州附近的会党，互为配合，牵制清军。朱执信联系和发动的会党有：顺德的陆领，南海的陆兰清，番禺的李福林，新会的谭义，香山的林义顺，惠州、海丰的陈炯明、王和顺，钦州、防城的黄明堂等。

朱执信运动会党的成绩，同人给以充分肯定。他们认为，广东的会党和民军，"大半由朱执信、胡毅生约期发动，余者均争发难"，"至辛亥光复之际，执信联络此类之民军，计在十万人以上"。到了1911年10月武昌起义，他们纷纷在各地起义响应，对广东的光复起了很大的作用。

随着起义的迭次失败，革命党人认为，联络会党举事来得快，失败也来得快。因此，武装起义不能专靠会党作主力，"非运动军队不可，运动军队非亲身打入行伍不可"。一批革命志士相率投笔从戎，加入新军行列。朱执信也认识到，"非使军队反正，群力集结，固不足以制胡虏之死命"。基于此，他与张醁村、姚雨平等首先在广东陆军速成学校里开始联络学生，动员学生加入革命队伍。

朱执信还深入新军营中宣传革命。据当事人回忆，朱执信"往往一个人赴军营向兵士及下级军官宣传，促彼等参加革命，无所畏惮"。新军中士兵大部分素质良好，普遍受过军事教育，大都不满清政府统治，是可以利用的积极因素。革命党人抓住这一有利因素，有组织有步骤地进行革命组织活动。他们规定新军加入同盟会的口号是"推翻满清，建立民国"。凡是赞成这个口号的，不管是官是兵均可以加入同盟会。在朱执信等人的启发和艰苦努力下，许多新军官兵倾向革命。至1909年冬，仅广州新军加盟反清的就有 3000 人，占广州新军人数的一半以上。

为了防止泄露秘密，朱执信还将入会会员的名单转存香港。张醁村后来回忆说："我和姚雨平在广州工作期间，经常与朱执信取得密切联系，军中的各同志的加盟名单都送到他家转存香港。"

经过长时间的动员之后，朱执信等人便把组织发动新军起义的活动由隐蔽转入半公开的形式。他们把握有利时机，经常邀约新军中的一些官兵到广州白云山附近集会，进行反清的宣传教育。朱执信经常向新军官兵演讲，通过鸦片战争、中法战争、中日黄海之战、八国联军进攻京津、火烧圆明园及清军扬州十日、嘉定三屠等惨痛史实，深刻揭露清政府的腐败统治及其丧权辱国的罪行，号召新军参加推翻清王朝封建专制统治，建立民主共和国的革命。经过朱执信等人动之以情的开导，许多官兵感动得抱头痛哭，从而为新军参加革命奠定了坚实的思想基础，而朱执信也成了广东革命党人与会党、新军联系的主要桥梁。

三、暗杀水师提督李准

20 世纪初，无政府主义和虚无主义思潮深深地影响着海外的中国留学生。武装起义的屡屡失败，使得革命党人视暗杀为取得成功的捷径，向往"十步之内，剑花弹雨，浴血相望，入驺万乘，杀之有如屠狗"的痛快淋漓，也体会到采取暗杀方式的种种优点，"羡暗杀手段，其法也简捷，而其收效也神速。以一爆裂弹，一手枪，一匕首，已足以走万乘君，破千金产，较之以军队革命之需用多、准备烦、不秘密、不的确者，不可同日而语"。孙中山、黄兴等都曾将暗杀作为重要的革命手段之一。1900 年筹备惠州起义时，孙中山就曾派史坚如、邓荫南偕英人摩根（Morgan）赴广州，组织暗杀机关，以备策应。同盟会成立后，孙中山令孙毓筠回国，谋炸端方。

黄兴也认为"革命与暗杀二者相辅而行，其收效至丰且速"，甚至亲自参与了暗杀活动。

1907年，朱执信参与了策划刘思复谋刺广东水师提督李准的活动。刘思复（1884—1915），又名师复，广东香山（今中山）石岐人。1904年赴日本留学，次年加入中国同盟会。1906年回国，在香山创办"隽德女学"，后至香港办《东方报》。1907年春，革命党人认识到以前的武装起义，均遭到清兵的镇压，如能将李准暗杀，使其军队乱成一团，必有助于武装举事的成功。6月，同盟会香港机关部做出暗杀李准的决定，并派早年受到无政府主义影响而又学过炸弹制造术的刘思复执行，朱执信、张谷山、张树枏、胡毅生分别协助。他们常在广州豪贤街朱执信家密谋，详尽安排了暗杀时间、地点及具体分工，朱执信和张树枏负责侦察李准的每日来往路线。刘思复"亲往踏查制台衙门、水师行台二处之来往街巷道路，以便着手。又与（张）伯侨相约，如于五月初一（公历6月11日）早亲见李准已赴督辕参谒，即到凤翔书院门外报刘以暗号，而刘即可密伺李于要道而截击之"。

在6月11日清晨，意外不幸发生，刘思复因配制炸药不慎，引起爆炸，身受重伤。爆炸声引起当局的警觉，刘思复及法政学堂的学生伍汉持等均被捕。伍汉持（1871—1913），广东台山人，早年加入同盟会，在广东创办医学堂，从事革命活动。革命党人谋杀李准不成，且暴露党人玄机被捕，朱执信急赴香港与党人一起商讨营救对策。他与古应芬以法政学堂教习身份联合具保，又说服校长夏同和缓颊于巡警道龚心湛，伍汉持于次日释放，刘思复监禁两年后获释。

暗杀李准不成，反泄露了革命党人的计划，清军开始防范。革命党人也因此觉醒，认识到暗杀行为成事不足，败事有余，此后革命党人汲取教训，转变斗争策略，再次密谋举义与清军对决。

四、戊申、庚戌广州举义

1908年（戊申）11月14日、15日，光绪皇帝和慈禧太后相继死去，全国革命形势高涨。同盟会员熊成基、倪映典领导马炮营士兵千余人在安庆起义，轰动全国。1908年11月，清军于安徽太湖县举行秋操，革命党人熊成基、范传甲、倪映典等乘机策动马步炮营合攻安庆。因清军兵舰炮击，起义军弹尽援绝，起义失败后，熊成基避居日本，范传甲被捕牺牲，倪映典南下广东。朱执信、赵声等认为"此绝好机会，稍纵即逝"，实在可惜。他们计划"乘人心之动摇，举义广州"，设立谋划起义总机关于广州清源巷，于11月20日前发动起义。针对不能以新军发难、会党又分散四处不能短时间内齐集广州等客观条件，革命党人决定由邹鲁运动驻在广州城内观音山（今越秀山）及附近的巡防营作为骨干力量，起义后，由赵声策动新军，朱执信集合会党响应，乘清军无准备之机，夺取政权。

世间的事，有时真是人算不如天算。因同盟会员严国丰在分发会员证时不慎遗票一张，为当局所获，从而引起追查。严国丰、谭馥、葛谦等革命党人不幸被捕，英勇就义。为减少不必要的牺牲，朱执信要求按兵不动，停止举义。戊申举义不幸流产，但它为1910年（庚戌）的新军起义奠定了基础。

为了加强对新军的运动，1909年5月，孙中山委托胡汉民负责南洋党务，10月在香港建立同盟会南方支部，作为领导、指挥南方革命的总机关。胡汉民担任支部长，下设军事、民军、宣传、筹饷四组，分别由洪承点、朱执信和胡毅生、林时塽、林直勉和莫纪彭等人负责。南方支部成立后，立即部署广州起义。

早在1908年2月，倪映典因发动安庆新军起义未果，避难广东，受同盟会南方支部的委任,担任广州新军炮兵排长,负责运动新军,继续准备起义。他由赵声介绍,与朱执信等相识,时常往来,密谋革命,"专以运动军队为事"。倪映典"长于煽动,又精力殊绝",他主持制订的《军事章程十条》,"专门运动省城新军水陆防营及各局所,以急进实行为目的"。

1909年六七月间,朱执信、赵声、倪映典、张醁村、胡毅生、陈炯明、莫纪彭等人在广州召开新军起义筹备会议,决定以倪映典联络的新军作为起义的主力,张醁村联络巡防营,朱执信、胡毅生等联络各地会党配合响应,由赵声总其成。其他筹械、筹款、调查、通信等工作,均作了具体安排。革命党人设立机关部于广州天官里寄园巷5号,由朱执信、倪映典、徐维扬等人主持工作。随后,又分别在广州雅荷塘、清水濠、小东门和大东门等处设立举事机关。

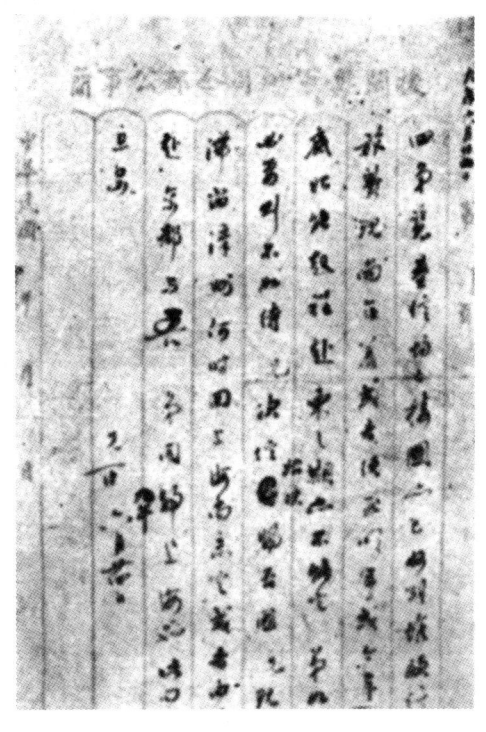

1920年6月24日,朱执信致朱秩如函。

1909年底，广州新军中各级革命组织也建立起来。朱执信运动的南海、番禺、顺德"各方会党都已成熟"。同盟会南方支部认为革命时机已经到来，决定于庚戌（1910年）正月元宵节（2月24日）由新军发难，各方随即响应。同时又做了具体分工：邹鲁负责布置巡防营，朱执信与陈炯明、胡毅生、古应芬等分别联络广东省咨议局及学校报界人士声援，朱执信、胡毅生还担任会党的联络工作，应时响应起义。姚雨平、林树巍、李济民、罗炽扬、苏慎初暗中联络陆军速成毕业队职官，徐维扬、杨凤岐等负责运动陆军干部士兵，做好应援准备。

正当筹备工作有条不紊地进行时，不料消息泄露。广东督练公所参议韩国钧便将所有发给士兵的和库存的子弹都缴城内存放。都练公所，又称督练处，是清末各省训练新军的机构，1903年起在各省设立，设兵备、参谋、教练三处，各置总办一名，下设有帮办、提调等官，分掌军政、军令和训练事务。另专置督办一人，由各省的总督、巡抚或将军兼任，总揽全所事务，统辖和整饬全省新军，下设军事参议员一名以辅之。消息泄露后，朱执信等人商量准备改期发动起义，但1910年2月9日（农历除夕）中午，新军二标士兵因刻图章逾期与承办人发生争执，警察上前干涉，引发冲突，互不相让，警察扣押了新军士兵，闻讯前来支援的新军则包围了警局。消息传至香港，倪映典与黄兴、赵声、胡汉民等紧急磋商，决定2月15日（正月初六日）起义。

倪映典于2月11日晚从香港赶回广州，直赴朱执信家，共商对策。次日清晨，倪至广州燕塘炮兵排第一营，举枪击毙正在向士兵讲话的管带齐汝汉，带领士兵夺枪出营，宣布起义。新军各营士兵约3000人纷纷响应，公推倪映典为司令，高呼"愿为革命战死"。义军先遇吴宗禹的防营，将其击败，后至广州东门茶亭，被水师提督李准指挥的防营2000人阻击，倪映典不幸中弹被俘牺牲。广东南海、番禺、顺德各县的会党，不知起义已爆发，未出动。起义在缺乏援助力量的情况下，一直坚持到深夜，最后向广州石牌、东圃、白云山一带撤退，起义宣告失败。

在起义策划过程中，朱执信一方面经常来往于省港两地，互通消息，与同盟会南方支部保持密切联系，把一些同盟会员的登记名册带至香港保存。另一方面，他为联络会党，经常出入南海、番禺、顺德等地。对朱执信从事革命活动的情况，朱秩如写道：

> 前清末年，先兄运动革命甚力，与同志聚商，常至五鼓而后归家，狂风怒号，冷雨侵骨之夜，家人尽睡，老仆妇独静坐而待，闻叩门三声，歇而复续者，则必先兄之归家也。前清宣统二年正月，广东新军之变，倪映典于十二月晦日，宿于兄之客厅。正月元旦，由吾家直赴新军起事。先兄自是日起，数日间行踪不明。（朱秩如：《先兄执信行状》，载卞孝萱、唐文权编《辛亥人物碑传集》，团结出版社1991年，第252页）

起义失败后，清军大肆通缉逮捕革命党人。朱执信安之若素，赴南海、番禺、顺德一带，对会党做了安顿后返回广州，隐迹于广州两广方言学堂。起义尽管失败，但其影响深远。它表明，新军可以转化为革命的力量，从而增强了革命党人的信心，推动了革命形势的发展。它对华侨的影响尤为巨大，新军起义后，很多华侨都愿输财资助革命，基本上解决了当时革命活动的经费问题。

五、积极参与"三二九"广州黄花岗起义

1910年11月中旬，孙中山约集黄兴、赵声、胡汉民在马来西亚庇能（槟榔屿）举行会议，商议再次举义广州，成功后，由黄兴指挥进攻两湖，赵

声兴师由江西攻南京。为夺取广州起义胜利，革命党人在香港设立统筹部总揽一切，优先办理筹款、购械的相关事情。朱执信、胡毅生、姚雨平、陈炯明等属于统筹部下的调度课成员，他们经常出入广州，秘密活动。

在联络会党方面，朱执信再次与广东番禺的李福林、李雍、李湛、林驹、李伍平，南海的陆常、陆领、李锦、梁炳球，三水的陆兰清、陆幅，顺德的谭义、郑江、张炳、黎义、陈林、刘世杰、吴培等人联系，以备响应起义。

在宣传方面，朱执信同邹鲁、马育航、叶夏声、陈达生、凌子云等编辑出版《可报》。批评时政，影响很大。1911年4月8日，温生才刺死广州将军孚琦后，《可报》借机报道，言论相当激烈。22日，当局予以查封。

在组织方面，孙中山等人决定精选一批骨干分子，组成选锋队（敢死队），作为先锋。选锋队初定500人，但实际只有300多人。队员多由朱执信选定。为接纳和隐藏选锋队员，朱执信等租赁房舍38处，分置机关，以设公馆或米店的方式将军械掩藏起来。运输枪支弹药则由徐宗汉、庄汉翘、卓国兴等女志士以嫁娶的方式进行。

4月8日，统筹部决定4月18日发动起义。但由于该日温生才刺杀广州将军孚琦，清方严加防范，加之美洲等地的筹款和从日本购买的军械尚未到齐，起义推至26日。4月23日，黄兴由香港潜入广州，在越华路小东营5号建立起义总指挥部。黄兴看到清军在城内搜捕党人，觉得局势危殆，为了保存实力，建议由赵声率领选锋队300人到香港暂避。事后，黄兴获悉新军二标将于月内退伍，若不及时发动，则失去一臂之力。又闻李准从广东顺德调来防营，其士官多为党人，正可乘机起事，遂将起义时间改为4月27日（阴历三月二十九日），但由于清方突然全城戒严，搜捕革命党人，使参加起义人数锐减。黄兴遂于4月26日晨决定改期再举，"令各部即速解散，以免搜捕之祸"。当天，数十秘密机关陆续遭破坏，选锋队员分批撤回香港。对于起义一再延期，朱执信感到很无奈，并认为这种做法失信于人，但他还是以大局为重，服从决定。同时他又立刻赴顺德县乐从墟联络会党，建议会党改由乐从渡澜石直趋佛山，进逼广州。可是到了晚上，黄兴又决定孤注一掷，仍按原计划于4月27日发动起义。朱执信对此甚为不悦。他说："此次改期之议，余意殊不为然，以已发之命令，不宜随意变更，且当选锋群集于广州之时则不动，至遣散之后则又动，今人数未及当日之半，欲期成功事殊难言。"

尽管如此，朱执信仍以大局为重，坦言："今日之事，革命也，宁有万全，既公决举事，我亦必从行。"27日下午3时，革命党人纷纷到黄兴寓所，听候命令。当时，朱执信本来有别的任务（发动民军），无须亲临战场，激于义愤，他坚决要求参加战斗，有人指着朱执信仍旧穿着的两截长衫风趣地说："若御此衫奈何能陷阵？"朱执信笑言："是何难！"遂用刀将长衫下半截掉，手持两颗炸弹，毅然"从黄胡子（按，指黄兴）去拼命！"朱执信割袍上阵的行为，在党人中传开，个个称赞，成为美谈。

27日下午5时30分，为便于进入督署，黄兴、朱执信等人乔装日本人进谒总督。黄兴乘第一轿，朱执信乘第三轿。事前，与督署辕门卫兵约定"下轿即挥白布为信号"。但辕门卫兵突然变计，开枪射击。黄兴、朱执信等人英勇反击，冲入两广总督署，与清军展开激战。革命党人四处搜索两广总督张鸣岐，他们投掷炸弹，炸坍墙壁，引起火灾。朱执信所带一队二十几人，出总督署不远正好遇关候补道台李象震乘坐四人轿赶来，轿夫吆喝"李大人来"，众误以为是水师提督李准，一齐向其轰击，当场把他打死。朱执信在冲锋陷阵中，被后到的选锋队员误击，伤及胸腿，血染外衣，但他不顾疼痛，仍奋勇作战。不久，大批清军到来，冲散了起义队伍。朱执信知道大势已去，不可再战，镇定地折入横巷，辗转行至双门底，避入林云陔家中，在林家居住了两夜。朱执信认为林云陔家中所藏军械较多，为安全计，便转至他处。翌日早晨，他改服换装，从容不迫地离穗赴港，寄寓胡汉民处。因他这种从容不迫、大无畏的牺牲精神，朱执信被许多志士称为是个"不晓得有险字"的人！

南海、顺德等地的会党，因消息隔阂，未知起义又按原计划发动并已失败。他们于4月28日起事，陆领率队直入杏市、乐从，占领鳌溪公局，缴取器械。次日又取道澜石湾到佛山。李准获悉后，马上派人前去弹压。会党与清军展开激战后便撤退。顺德县容奇、龙山、九江等地的会党也纷纷响应，后在清军的镇压下失败。

参加此次起义的130人中，除少数幸存外，战死和被捕牺牲的有100多人。起义失败后，革命党人潘达微通过善堂出面，收殓烈士遗骸72具，安葬于广州黄花岗。在随后的革命征程中，朱执信对死难烈士们表示了无限的缅怀。1912年他任广东核计院院长时，与邓铿、周之贞、潘达微等向广东都督呈文，请拨款修建纪念碑文。1919年，他又与邹鲁具名公开登报，广泛征集有关黄花岗起义的历史资料，以备编成信史。

广州"三二九"起义，历史上又称为黄花岗起义，因为起义烈士归葬之地为黄花岗得名。黄花岗起义虽然失败，但革命党人的英勇牺牲精神，

广州黄花岗七十二烈士墓

在海内外产生了很大影响,促进了革命高潮的迅速到来,"一时风声所播,全国震动。虽夙不赞成革命者,得知林时塽、方声洞、喻培伦等七十二人死义之勇,与海防诸同志据米店为守,以数人抗巡防营千余人,相持至二日夜之久,卒能脱险而出之事,无不奔走相告,眉飞色舞"。"由是而清廷上下震恐失措,民众万万愈有'曷丧偕亡'之志。至武昌振臂一呼,而天下皆应,则正以三月二十九之役,为之先声!"孙中山在美国芝加哥得悉"三二九"起义失败后,认为此役义军的勇敢英烈,为世界各国所未曾有,"革命之声威从此愈振,而人心更奋发矣",起义虽然失败,"然其影响世界各国实非常之大,而我海内外之同胞,无不以此而大生奋感"。1921年12月,孙中山在《〈黄花岗烈士事略〉序》中又称这次起义之后"全国久蛰之人心,乃大兴奋,怨愤所积,如怒涛排壑,不可遏抑,不半载而武昌之革命以成,则斯役之价值,直可惊天地、泣鬼神,与武昌革命之役并寿"。1924年5月2日,孙中山《在岭南大学黄花岗纪念会的演说》中又说:"革命事业,在七十二烈士虽然失败,但是他们死得其所。在我们后死的人看起来,还可以说是成功。所以我们今天来纪念,就是纪念他们当时的志气,纪念他们以死唤醒国民,为国服务的志气。"

六、在广东光复中的贡献

黄花岗起义失败,部分同盟会骨干对前途悲观失望。但孙中山、朱执信等人却持积极乐观态度。孙中山明确表示"天下事尚可为也",认为革命高潮即将到来,"吾党无论由何省下手,一得立足之地,则各省望风归向矣"。并准备发动更大规模的起义。朱执信致函家人,表达了愿为革命牺牲的决心:"我决意为革命牺牲,家人但视我为已死即可。现在不能筹钱养家,只可暂将妻及女托于外家,将弟妹托于舅父家","我愿为江子一,而不愿弟为江子四、江子五。"① "吾本东西南北之人，不自珍惜，也不耐投闲，冒险杀贼，尚差足以自快。家中但视吾为已死可也。"又说："譬犹沙煲，随用随毁者，吾则盛炸药之煲也。"

黄花岗起义失败后，当局加强了对新军的监视，革命党人的活动遭到种种困难。然而朱执信坚持积极组织会党，常常只身往来于广州与香港之间。1911年10月10日武昌起义爆发后，朱执信再次把联络重点放在会党方面。10月29日，胡汉民对革命运动做了具体安排，朱执信、胡汉民负责广州起义，以东江、西江、北江、韩江为名成立四个军，东江为第一军，陈炯明任军长，北江为第二军，徐维扬任军长，西江、南路为第三军，苏慎初任军长，韩江为第四军，姚雨平任军长（姚未往，以张醁村代之），邹鲁驻香港负责接济各地举义的人力与财力。

朱执信与广东水师提督李准素有交往，黄花岗起义失败后曾致函李准，劝其反正：

> 满洲是夷，汉人是夏，自从多尔衮率众入关，屠杀我汉人，不计其数，扬州十日，嘉定三屠，在广州杀吾汉人，由第一津杀至第十八甫，有许多书籍记载此事，似此不共戴天之仇，凡属黄帝之子孙，必须负报仇之责任，军门姓李，四川省人，乃是无可否认之汉族，何必眉事满人？三月廿九之役，死难者皆汉族之优秀精锐，请军门扪心自问，何忍出此！大符与军门有一日之雅，谨尽忠告，望即刻期举义，戴罪图功，统率所部来归，不特前事可不计较，大符且当于全体党人共同拥戴军门为创造大汉民国之首领，维军门实图利之。（汪希文：《朱执信先生外传》，第9页，转引自张瑛著《朱执信评传》，河南教育出版社1990年，第87页）

---

① 梁武帝末年侯景之乱，江子一与其弟子四、子五同时尽节而死

李准对此函未做答复。朱执信见状，主张派敢死同志行刺李准。1911年7月，陈敬岳、林冠慈赴广州，执行此项任务。当侦知李准每天于午后一时至二时，由水师公所进城时，陈、林遂商定于8月13日施行。这天午后，李准乘轿由水师公所入城行至双门底时，林冠慈对着李准的轿子猛扔两颗炸弹，李准被炸成重伤，而林冠慈被清兵乱枪击中，当场牺牲，陈敬岳被捕遇害。武昌起义后，李准"默察天心，仰窥人事，知民心思汉，大势所趋，非人力所能维持"，于是决定反正。他后来回忆说："纵报私恩，徒伤公义，无补于国，贻祸生灵。利害相权，宜审轻重，于是应乎天而顺乎人，立意反正广东，藉消兵祸。"李准遂于10月下旬派胞弟李次武带其亲笔信前往香港，和朱执信等人联系，洽谈反正事宜，表示可以加入革命阵营。朱执信得悉后，立即写信介绍李次武到新加坡去会见胡汉民。胡氏大喜过望，待李次武以殊礼。11月上旬，胡汉民从新加坡返港后，李准又通过同盟会员谢良牧派代表至香港与胡汉民、朱执信等进一步磋商反正的具体方案，约定在东莞虎门要塞反正投降。接着李准便"集中舰队于省河，胁逼粤督张鸣岐反正。复约统制龙济光参加义军，龙从之"。

1910年朱执信与家人合影，左起：朱执信、四妹小过、妻子杨道仪、长女朱始、三妹朱䕶。

两广都督张鸣岐在武昌起义后，首鼠两端。稍后，张氏接受革命党人邓慕韩、潘达微的劝说，保境安民，不镇压革命。孙中山亦致电张鸣岐，"请速率所部反正，免祸生灵"。张有所心动，并致电清政府，请释放因刺杀摄政王载沣而入狱的革命党人汪精卫与黄复生，清政府见张鸣岐已接近革命党人，速派素有军事学识的满人凤山为驻防广州将军，以资震慑。朱执信等人立即召开会议，商计对策，认为李准既早已输诚，张鸣岐亦倾向革命，倘若凤山得势，必将前功尽弃。因此必须炸毙凤山，以免后患。李应生挺身而出，愿担负此项重任，与其弟李沛基于1911年10月25日上午在广州南关仓前街炸毙凤山。

与此同时，会党首领陆兰清、张炳、周康、麦锡、陆领、黎义等分别在顺德、香山、南海、三水等地率部起义，数目多达几千人。他们计划挺进佛山后，再直攻广州。他处会党首领黄明堂、李福林、陈逸川、何贞夫、周之贞、梁金鳌、杨万夫、石锦泉、刘肇槐等纷纷揭竿而起。革命党人任鹤年等人策动新军起义，占领香山，王兴中光复新安，邓铿占领博罗，直指惠州。国内各省纷纷响应革命，宣布脱离清政府。张鸣岐意识到"易帜"是大势所趋，人心所向，于是决定承认共和。11月9日，张鸣岐逃至香港，李准"下令各炮台军舰一律升民国军旗，严兵以待"。同日，广州士绅集合于咨议局，举胡汉民为都督。胡汉民、朱执信等连夜从香港赶回广州，胡就都督职，朱执信任都督府总参议，广州实现和平光复。接着，广东各地相继光复。

在整个光复过程中，朱执信一方面主持同盟会南方支部的工作，一方面组织各地会党起义，起了举足轻重的作用，功不可没。胡汉民曾比较公允地评价朱执信说："辛亥革命时，广东的独立也是先生努力底下完成的，这不但以前和现在的同志大家承认，就是在广东曾经反对过我们的人，也无不承认。当时的独立，全由先生计划运动驾驭，然后方得成功。"

自1907年从日本归国以后,朱执信借在两广高等学堂、广东法政学堂及两广方言学堂教书之机,暗中进行革命的宣传组织活动。他参与策划了广东地区的历次武装起义,正所谓"从乙未至辛亥,无役不与"。他动员会党和新军加入革命阵营,在广东和平光复中起了重要作用,为创建民主共和国做出了不可磨灭的贡献。

第四章
捍卫共和与维护约法

建设共和政权

讨伐窃国大盗袁世凯

驱逐广东军阀龙济光

襄助孙中山的护法运动

协助援闽粤军建设漳州

策划援闽粤军回粤

广东光复后，广东军政府（后改为都督府）于1911年11月12日正式宣告成立，这是广东历史上第一个民主共和政权。此后，为建设和捍卫共和政权，朱执信殚精竭虑，任劳任怨，贡献了自己的力量。

一、建设共和政权

1911年10月武昌起义后，广东革命党人加紧部署，以胡汉民、朱执信等人负责广州府，其他地方如东江、北江、西江、韩江分为四军，由陈炯明、徐维扬、苏慎初、姚雨平各领一军，但由于时间紧迫，指挥系统尚未落实，各地起义便发动了。在革命形势的压力下，清军和广东当局有意反正自保。10月25日，在清军乡督办江孔殷的策划下，邓华熙、梁鼎芬等人在广州西关文澜书院召开各界维持公安会议，宣布"自保"。粤商自治会和学界代表坚决反对李准等人的暧昧态度，策动各界于29日在爱育堂集会，决议承认共和政府。在江孔殷和同盟会会员潘达微、邓慕韩等人的磋商下，各方同意在咨议局召集会议，决定宣布广东光复。11月9日，各界代表集会于咨议局，宣布广东共和独立，推胡汉民为都督。

广东光复后的广东省国民政府

11月10日，胡汉民、朱执信自香港抵达广州，受到各界的热烈欢迎。广州各界商议成立广东军政府。军政府都督胡汉民，副都督陈炯明，总参议朱执信，军事部长蒋尊簋，财政部长李煜堂，民政部长黎国廉，司法部长王宠惠，外交部长伍廷芳，交通部长梁如浩，实业部长王宠佑，教育部长丘逢甲，总顾问何启、韦玉，枢密处由朱执信、李文范、廖仲恺、黄世仲、陈少白等人组成。作为总参议的朱执信，审理机要，参与密务，兼理军法，倚恃至殷，起了举足轻重的作用。

朱执信先后担任了军政府总参议、广（州）阳（江）绥靖处督办、广东核计院院长、军法处处长等职务。他主持军政府的日常工作，参与制定广东省《临时省会选举法》，裁编民军，治理财政，军政府以借款、募捐和使用旧纸币等方式开辟财源，度过了因官俸匮乏、开支过大引起的财政危机，并利用新军居中控制，成立军务处，约制旧军，组织义军出师北伐，为广东共和政权的建设做出了卓越的贡献，表现出革命党人管理政府事务的能力。有论曰："民国肇建，改体更新"，"在民国元二年间，全国都有一种新气象，而广东则表现得更为显明。过去四十年，广东的政治，就是以这两年为最清明，最廉洁。"

朱执信"悉心擘画，夜以继日，刻无暇晷"。他常常宵衣旰食，忘我工作，"和衣而卧，随时即起"，"批阅文书，双目红肿，听取电话，两耳重茧。"胡汉民曾对朱执信的革命精神给以很高的评价。他说：

> 余及执信在都署，以事繁故，每日常只一二小时睡眠，有数夕则并不解衣，即就楼上假寐少顷，仍继续治事。既须计划行政事务，又须防范李准之动作。又因维持金融之故，将以前印存之纸币，悉盖用都督之印，而流通之于市。执信则既须镇压民军，使不致有越轨之行动，又须集中军队，加以训练，以为北伐之准备。万务鞅掌，劳可知矣。（胡

汉民：《朱执信别记》，《建国月刊》第1卷第6期，第58页）

余在粤两月，百事草创，惟拼一生之精力赴之，其初，至于寝食俱废。待各机关以次成立，而执信复居中助余规划一切，余乃不至困蹶。（《胡汉民自传》，《近代史资料》1981年第2期，第49页）

人但知先生当时不过做个总参议而已，那知先生的焦劳，先生的骨里负责，实在比任何人都厉害。（胡汉民：《朱执信先生的人格与学问》，《朱执信先生殉国十二周年纪念专刊》，第24页）

先生做事与众不同，不居名，不居功，暗中做着一个很大的运动的中心人物。（黄梦熊、朱秩如等：《朱执信传略》，《孙中山与辛亥革命史料专辑》，广东人民出版社1981年，第196页）

朱执信工作勤勤恳恳，任劳任怨，但对于自己，却从不计得失。他尽管担任过广东军政府要职，但从不为自己着想。在都督府里，他住在一间简陋的小房子里，衣着朴素。他的家与都督府相距不远，但他却很少回家。胡汉民曾说："执信有一奇癖，即回家即不做事，做事即不回家，故繁劳之际，往往终岁不一还家。"他每月薪金近500元，付给家用的从不超过100元，

朱执信（左三）与汪精卫（左四）、廖仲恺（左五）等人合影像。广州博物馆藏品，杨晓凤捐赠。

其余都拿来作为资助他人的济急之用。对朱执信苦行节俭、廉洁自律的品格，孙中山用"革命之圣人"来评价，朱执信的挚友林直勉则以"先生未正人前先正己，且正己极严"。朱执信的四舅汪精卫也指出："他（朱执信）第一用省察刻厉的功夫，除去自己的恶；第二用鉴空衡平的功夫，除去朋友的恶；第三是用坚壁清野的功夫，除去世间所有的恶。"

朱执信不计个人得失，还表现在他对孙眉当选广东都督的态度上。孙眉是孙中山的兄长，早年曾大力支持过革命党人。在1912年1～4月的广东都督更迭的风波中，很多人推举孙眉为候选人。朱执信得悉后，他没有因为孙眉与孙中山的关系而表示赞同。他致电孙中山，认为孙眉不适宜做广东都督，表示不赞成此事。孙中山也完全认同朱执信的意见，明确指出孙眉不适宜做广东都督，称"家兄质直过人，而素不娴于政治，一登舞台，人易欺以其方"，"粤督任重，才浅肆应，绝非所宜；安置民军，办理实业，家兄当能为之"。表明孙中山、朱执信在用人问题上都反对任人唯亲，这在当时和以后都成为人们赞誉的佳言。

1. 制定《临时省会选举法》

广东光复后，胡汉民、朱执信等人感觉"各界大会之凌乱复杂为不可恃，而咨议局旧议员，断无使复活之理，光复各省亦次第改选，粤中人士遂为同等之要求"。因此，出台《临时省会选举法》，为政局所需要。

《临时省会选举法》规定，选出代议士120人，其中除由地区选出人数不等的代表以外，军团协会代表20人，华侨代表12人，学院师生代表6人，自治团代表1人，同盟会代表20人，妇女代表10人。对代表资格，选举法规定，凡年满21岁以上，广东籍或在广东居住5年以上的中国人，秉性良好，没有担任政府、军队、警察等公职的，都有被选举的资格。

《临时省会选举法》还规定用差额选举的办法选举议员。选举法除设有财产限制外,对妇女代表的规定,也开创了中国政治制度史上的先例。对此,胡汉民回忆说:"余乃与竞存(即陈炯明)、执信等草定《临时省会选举法》各界为比例选举,特定同盟会代表20人,妇女代表10人,各界当选者,十九俱著籍同盟者。嗣是省会乃不复有与政府分歧之趋向,而议员有女子,乃为亚洲所创见。"这个选举法的制定,为规范新政府各属人员的产生做了规定,对预防用人无序、唯亲及无能之徒混入领导机构现象的产生起了很好的作用。

2. 治理财政

广东军政府成立后,面临着严重的财政困难。1912年4月底,出任广东核计院院长的朱执信与胡汉民等共同将库存官钱银局的1200万元纸币加盖部印流通。为节省开支,又裁减了大量民军。尽管做了种种努力,但还是左支右绌。于是,朱执信等人又在节流方面下功夫。

首先减缩行政官厅政务范围,裁汰冗员。规定:各官局司所有经费,都必须经过核明才能发给。对各机关每月的决算清册,朱执信亲自核对,他先把各方面的账目都明确地列出来,较系统地进行财务清理。在每次的财务审核时,他都认真负责,一丝不苟。他的经济学的知识得到了施展的机会。

朱执信严格核定各部款项的报销虚实。凡是不应该开支的,坚决不准。某次,身为广东副都督的陈炯明违反了财务规章,朱执信"因稽核陈炯明军,不但于其军数查核发至晰,即各队之军旗亦一一核之",诘问:"君各队之军旗乃较薄所录之数为何少,何耶?"陈炯明非常气愤,对人说:"执信先生殊苛,并军旗之数,亦督察我也。"对此,朱执信不姑息迁就,质问道:

"自为墙垣而自踰之,奚能责人?"陈炯明无言以对。又如,军政府某司长"修葺署门面,多耗公帑",朱执信发觉后,"以其超出预算,力批驳之"。尽管朱执信没有办过学校,但是凭着他的精明,连某学校内某教员不上课而多拿薪水的事情,都能查勘得出,在呈报册上,痛加批驳。朱执信曾对人说:"他人作核计院院长为财神,我则为破财神,各衙署所要求之经费,有浮滥者,严驳之,不避权贵。"

朱执信坚持原则,秉公办事,他在任广东核计院工作期间,对工作认真负责,"审计全省的出纳,弄得各机关都不敢乱来,全省的纲纪,就此肃然"。胡汉民说:"核计院在都督府内,执信日与其学生及诸职员研讨审计之方,致力不懈。""昼夜营营,治事不辍,其审核各机关也,不特簿记上之数字,钩稽甚严,即职员治事之勤惰,亦稽核甚周。"

为解决广东军政府的财政状况,朱执信日夜操持,煞费苦心,付出很多,但因开府不久,各种开支繁多,加上财经制度不健全,广东财政仍是捉襟见肘,并影响到施政的推行。

3. 裁编民军

在光复广东中,民军起了非常重要的作用。广东光复后,约有10万民军入城,由于民军流品复杂,缺乏训练,问题随之而来。他们居功自傲,蔑视他人,"以首义自居,视他军如降虏",抢劫掠夺时有发生。军饷数额较大,一周的费用多达500余万元,占财政收入的80%以上,军政府的财政赤字骤增。鉴此,军政府决定重新整编,采取积极措施削减军费开支,朱执信是主要负责人。

1911年11月下旬,武汉革命形势严峻,朱执信主张组织以民军为基础的北伐军,支援武汉。胡汉民等人非常赞成朱执信的主张,于是组成

8000余人的北伐军,姚雨平任总司令。胡汉民称赞说:"北伐之成行,以执信之赞助为最多。"除此之外,军政府精选出部分民军,进行编练,计划以此为基础,建立一支正规的革命武装力量。

朱执信认为,大多数民军是比较好的,应该对其进行普遍的教育与整顿,提高素质。朱执信派出许多受过军事教育的革命党人到民军中任教员。李章达后来回忆:"他(朱执信)根本不相信当时由巡防士军等转变过来的那些队伍,他为着要把起自民间的民军健全起来,于是又派出了若干有革命思想的陆军学生到吾民军队伍中担任教练员,我就是其中一员。我是教练顺德绿林首领黎炳球这一营的。"

为了维护社会秩序,朱执信与胡汉民、陈炯明等共同努力,成立了军团协会和民团督办处两个民军团体。军团协会是由各路民军及原有水陆备军组织的自律团体,自我约束,解决民军各项实际问题。民团督办处则是为了总摄各路民军,特设立的统一指挥机构,为克服民军的恶习,民团督办处多次颁布军令军纪,严惩重罚各种违纪行为。

以上措施,收效明显。但广东民军数额过多,军费开支巨大,为从根本上解决问题,朱执信与陈炯明等人协商,着手裁撤民军,先后解散石锦

辛亥革命时期的朱执信。广州博物馆藏品,杨晓凤捐赠。

泉的石字营、王和顺的惠军和陆兰清的兰字营。

石锦泉的石字营逼踞虎门水师行台,掠夺大炮,对军政府的命令置之不理。后又多次冲击都督府,要求发给饷款。军政府派魏邦平等拘拿石锦泉及其参谋长张汉兴,执行枪毙,以儆效尤。并撤销石字营,编遣所属部队。

王和顺的惠军与大平沙一带的督府军队为难,一度导致冲突。事后,王军又不听军政府命令。朱执信不顾艰险,亲自向民军宣讲革命道理,说服调解。同时指挥李福林、陆领等所部收复长洲、鱼珠炮台,解散王和顺所部民军,王逃至香港潜匿。

兰字营镇统陆兰清,浮报军额,骗领军饷,克扣部下伙食,中饱私囊。胡汉民、朱执信派员前往秘密调查,取得确凿证据后,陆氏畏罪潜逃,兰字营所部分批遣散。

在朱执信等人的共同努力下,半年时间内,共裁撤民军9万余人。至1912年底,仅剩下民军约4万人。民军被裁撤,盗匪增多,社会问题凸显,县乡紊乱,河道梗塞。为维持社会秩序,肃清盗匪,1912年4月,广东军政府成立全省总绥靖处,并分四区,各以都办主其事:朱执信主持广阳,周之贞主持肇罗,陈仲宾主持南肇,邓铿负责琼崖。在广阳军务处(按,后改为绥靖处,以广州府属及阳江、阳夏二县为辖区),朱执信以李福林为会办,分段驻防,恢复秩序,疏通河道,对所属的东海十六沙匪风甚炽、民不宁耕的状况,进行整治。朱执信曾提出在该处设立集体农场以安置被遣散的民军,但由于安置民军牵涉到地方各方的利益及受条件所限制,可惜未能实现。

二、讨伐窃国大盗袁世凯

中华民国成立后,孙中山自认为"民族、民权之二大纲已达目的",

此后的任务是实现民生主义，建设繁荣富强的中国。正当革命党人倾力于建设共和国之时，辛亥革命的胜利果实被以袁世凯为首的北洋军阀窃夺。

1912年3月，袁世凯就任中华民国临时大总统。8月，同盟会联合统一共和党、国民共进会、共和实进会以及国民公党组成了国民党，孙中山当选为总理，但由宋教仁代理。是年底，国会大选开始，国民党获胜，宋教仁成了政党内阁的组阁人，他主张实行责任内阁制，限制总统权力。袁世凯施展阴谋诡计，准备除掉宋教仁。在袁的主谋下，宋教仁于1913年3月20日在上海火车站被刺杀。宋教仁被刺，把革命党人从迷梦中惊醒，他们重整旗鼓，以新的姿态，投入到反对专制统治、捍卫民主共和的斗争中去。

1913年4月26日至27日，袁世凯派国务总理赵秉钧、外交总长陆徵祥、财政总长周学熙为全权代表，在北京汇丰银行大楼与英、法、德、日、俄等国银行团作最后的谈判，签署了2500万镑的《中国政府善后借款合同》，俗称"善后大借款"，用以购买武器和收买各地军队。袁世凯从善后大借款中获得了发动战争的军费，便放肆地扩充北洋军的实力，认真备战，打定主意要消灭以孙中山为首的革命力量，用武力统一中国。从5月开始，袁世凯便确定用兵计划，并发表攻击孙中山、黄兴的言论，还叫嚣要举兵征伐南方革命党人和军队。

宋教仁被刺和善后大借款，震动全国，讨伐袁氏之声，不绝于耳。孙中山认为"非去袁不可"，主张在南方兴师讨伐。朱执信赞同孙中山的主张，力主武装倒袁。

1. 武装倒袁

朱执信认真总结了此前让权于袁世凯，致力于民生建设，放弃武装斗争的教训。他强调只有武装倒袁，才有出路。而要武装倒袁，就要用革命思想去教育武装军人。他对同人说：

> 我们以前跑进不相干的军队里运动革命，军队便很诚正的同我们革命，现在军队是我们统辖着的，却去防人来用金钱运动，这不是怪事么？不是怪事！因为我们灌输主义的勇气减退了。你们把这事交给我，由我天天到军队里，将主义与袁世凯的金钱恶战，保管广东无事。（朱秩如：《朱执信革命事迹革命略述》，《广东辛亥革命史料》，广东人民出版社1981年，第448页）

朱执信主张重建一支强有力的革命军队，他说：

> 此时欲讨袁必选简选革命之劲旅，今在粤之第一师为钟鼎基，第二师为苏慎初，第一师之中无革命党人，第二师中虽有而不多。今若新编革命军一师，则第二师当然可互相提携，第一师亦不致有所变化，此上策也。其次则余辞去一切名义上之职务，专选优秀同志在粤各军中宣传革命之理论与讨袁之大义，以坚决将士讨袁之心，此又一策也。（胡汉民：《朱执信别记》，《建国月刊》第1卷第6期，第59页）

正当朱执信等人在商讨反袁之策时，袁世凯先发制人，首先在国会内平息"法律倒袁"的呼声。接着公开污蔑孙中山、黄兴是捣乱分子，1913年6月，袁世凯相继罢免江西都督李烈钧、广东都督胡汉民、安徽都督柏文蔚的职务。同时举兵进入江西，挑起内战。

袁世凯罢免胡汉民的职务后，任命陈炯明继任。朱执信遂于6月下旬与胡汉民一起赴香港。朱执信与陈炯明毕竟有着师生情分，所以陈炯明对朱执信还是比较敬重。当朱执信出走香港时，陈一直保留着他在军政府的职务，并多次派人到香港，催请朱执信回军政府襄助一切，而朱执信则拒绝了陈的邀请。当时，孙中山由上海到澳门，力劝陈炯明宣布独立。接着，孙中山到香港，与胡汉民、朱执信等商讨反袁计划。之后，朱执信奉孙中山的指示，与胡汉民等返回广州，动员和促使陈炯明讨伐袁世凯。

1913年7月12日，李烈钧在江西湖口起兵讨袁，打响了反袁第一枪，宣布江西独立。15日，黄兴在南京宣布就任讨袁军司令。16日，陈其美在上海誓师讨袁。朱执信多次与陈炯明商谈，促其反袁。在朱执信的再三说服下，陈炯明于18日正式宣布广东独立，掀起反对袁世凯独裁专制、维护民主共和的"二次革命"。在袁军的大举进攻下，7月25日，湖口失陷。8月11日龙济光部占领广州，陈炯明宣布取消独立，出走香港。8月18日南昌失陷。9月1日南京被张勋部攻占。9月12日，熊克武军退出重庆，各地相继取消独立。在陈炯明出走香港后，朱执信、胡汉民远赴上海。两人到上海后，恰值钮永建在吴淞起兵讨袁。他们会见了陈其美、张静江，得知"军事用款极绌"。于是朱执信、胡汉民慷慨解囊，倾尽积蓄，交张静江作为钮永建护守吴淞炮台之用，并出谋划策。

在袁世凯军队镇压吴淞起义后，朱执信、胡汉民建议孙中山重返广州，建立革命根据地，孙中山表示赞同，遂于8月20日乘轮船南下。21日，当行至福州马尾时，得知广东局势恶劣，龙济光等人"据粤应袁世凯，事已无可为"。于是中途作罢。根据重新部署的行动计划，朱执信赴香港，商讨讨伐龙济光的事宜。

9月15日，袁世凯下令通缉孙中山、黄兴、李烈钧、朱执信、廖仲恺等革命党人。11月4日，袁世凯又下令解散国民党，取消国民党议员资格。于是，孙中山、朱执信等革命党人再赴日本，以谋"革命之再起"。

2. 舆论讨袁

"二次革命"失败后，胡汉民离开广东赴上海随孙中山去日本，朱执信、廖仲恺随后也到。他们集议对付袁世凯这样的无赖，除了用武力对抗，表明反袁的决心外，更重要的是要用口诛和笔伐，使国人认清袁世凯反共和、反民主和反革命的真正意图，造成万众一心、上下同德的反专制反独裁的统一意志。他们积极撰写文章，从理论上捍卫民主共和的胜利成果。

孙中山深知舆论宣传的重要性，为了重振革命精神，以组织革命党人全力讨袁，他于1914年5月在日本东京创办《民国》杂志。朱执信先后在《民国》上发表《未来之价值与前进论》、《无内乱之牺牲》、《暴民政府者何》、《生存之价值》、《革命与心理》、《开明专制》等文章，深刻地鞭挞了军阀政府的反动统治，批判开明专制谬论，提出救国的道路在于教育人民、觉醒人民。朱执信成了舆论讨袁的健将。

朱执信称袁政府为罪恶的政府，他从以下几个方面作了批判。

第一，揭露袁政府的腐败、卖国罪行

朱执信指出袁政府是一个完全"不惜牺牲全国以利一身"、妄图"贼中国以求一时之逞"的傀儡。对于国计民生，袁政府漠不关心。他说："袁方纵其欲于天下，而窃号自娱。其视天下之疮痍，犹牧人视其已卖之羊之毳羶耳。"

朱执信指出，袁世凯大肆屠杀革命党人，不仅使革命力量遭受了极大的损失，同时，还殃及海外华侨，"华侨同被内乱之嫌疑，遭祸之大遑，更无由得请。"在袁政府的统治下，中国人"大部分皆为政府所恐吓"，"以内乱之起为大毒"，而不敢"措思议于其结果"。社会上"民气之萎靡，而不敢暴主之淫威"。

朱执信还指出，袁政府的腐败甚于清政府。他说："倒持太阿，授人以柄，固满政府所不为者也。重敛以逞，民劳弗恤，固满政府所不为者也。山泽之宝，一贡诸人，固满政府所不为者也。纵兵肆虐，任意残掠，固满政府所不为者也。"袁政府苛刻民众，重敛财物以贡外人，百倍于清政府。

袁世凯利用各种阴谋诡计收买各地军队，并继而扩增，各地军队皆数倍往昔。任命张勋和龙济光分别掌握南京和广东，于是张、龙借机扩大其军力达数十营。对此。朱执信感慨地说："前之拟裁者，今决不裁；而前之未招者，今又增招也。"

朱执信指出，袁世凯大肆出卖国家主权和利益，"于谈笑之间，卖一矿，赠一权"。但是帝国主义侵略者的欲望无穷，而袁世凯等"媚者易尽"，也不能满足帝国主义的贪欲。"二次革命"失败后，革命形势暂处于低潮。袁世凯乘机加紧卖国的步伐，朱执信谓之为"无内乱之牺牲"时期。在朱执信看来，"二次革命"即有内乱时期，国民经济虽遭受了一些损失，但这种内乱在于革命党人谋求社会进步，在于捍卫民主共和秩序。"二次革命"后没有反袁活动即无内乱时期，"袁乃得举全国之利而赋予外人"，这比内乱时期的损失更大，即"同有现在之牺牲，独无将来之期望"。

第二，揭露袁政府极大地摧残国民经济的行为

朱执信强烈地谴责袁政府摧残国民经济的行径。他尖锐地指出，袁世凯的统治使各地生产事业，无一不萎靡。由于生产力的受阻，"民既穷于衣食，则无心讨论政治之是非。地无财赋之供，既有志于革命者，亦无由取为根据"。其结果"无异西班牙人之遇印第安人也"。

农业方面。中国是最古老的农业国家，因此，在保护、发展农业方面，中国虽不能过人，但也不比别国差。然而，中国的农业状况却是每况愈下，"孰当改良，孰宜扶助，政府固不知也"。近年来"未闻有求知之策"，这种行径，目的在于"唯恐各省之实业发达，即能厚革命党之势力，而与

以不可拔之根据耳"。

矿业方面。矿业是工业的基础，几乎无业不受矿业影响。在矿业中，最重要的是煤矿和铁矿。但是袁政府对于矿业，"未偿有保护规定"。在东南各省的催促下，袁政府草率颁布保护条令，然而"考其内容，则同于禁遏"。另一方面，又全部取消各省的采矿权，以便等待中央认定，"然而认定者，殆未有闻也"。朱执信指出，陕西的石油、广东的矿石，久已为帝国主义所窥伺。然而在袁政府的统治下，不能开采利用。朱执信慨言："矿产既去，则凡基础于矿业之诸业，亦一一受其影响。"

铁路方面。朱执信指出："中国之铁路不兴，则凡百工业无由发达。"孙中山辞去临时大总统后，曾致力于铁路建设。袁政府却"不许以权，使其计划全归挫败，然后借名解散之"。更有甚者，是把铁路权授予帝国主义。朱执信认为，"铁路兴而权属于外人者，中国工业无丝粟之益，而有山岳之损矣"。

金融方面。东南几省自革命以来，各有其纸币，但不能相互交换使用，致使各地往往成为孤立的金融市场，价格腾落无常。对于此种现象，袁政府不但不给予支持，反而百般阻挠，故意不交参议院决议，朱执信谴责道："袁氏之于各省货币制度之不良，非特不以为忧，抑且深以为幸，不特不悔前此不救于可救之时，致有今日抑又甚望将来币制混乱，更胜今兹。"结果必然导致"文化之区，膏腴之壤，忽成颓落，无可援救，居民过半，待死沟壑"。

在作了上述分析后，朱执信说："根本之农业尚有较长之历史者，既已衰落；天然之宝库之诸矿产，又次第失诸；其交通之机关，则隶属他人。乃至于其流通器具，犹不可得整齐安定之制度。"袁政府对国民经济的摧残，"大大地降低了国民生产力"。

第三，陈述结束人民生存价值日趋低下的出路

基于以上分析，朱执信指出，在袁政府的统治下，人民的生存价值必

然日趋低下。他认为,衡量生存价值的标准取决于预期生存期间的长短与预期确固之程度、幸福之大小、将来之幸福、过去之回想、名誉、自由、家族、人之同情、人在社会中所处的地位等方面。而现在幸福、将来幸福、自由、名誉、家族等五方面则为生命价值的主要部分。通过对中外社会发展的分析和他的生存价值之方程式的计算以后,朱执信指出,生存之价值,实随社会之进步而增加。即国家的制度,是一种增进生存价值的重要手段。人类社会的一切优越的政治制度,"皆为增加生存价值而生"。

朱执信利用生存价值的理论,分析了在袁政府统治下的中国社会。他指出,自袁世凯担任大总统以后,"疫疠之起,水火之灾,盗贼之杀伤,山泽之巅越,虽在文明之国,不能免也"。"居然风变,苟有可利民于异日者,必竭力攫取授人",龙济光纵兵于广东,张勋饮血于江宁。对于自由思想,袁政府"亦倏忽尽蠲,敛乎待命于贪暴"。对于名誉,"益发挥其特性,上行下效,固不加名誉之当尊"。所有这一切,都是与生存价值的标准格格不入的,因此,在袁政府的统治之下,中国人的生存价值只会"日趋于下,断不能与彼日进者并谈"。

为了提高人民的生存价值,朱执信认为,唯一的方法是"于此贫弱之希望中,冀其改良政府之一事实现,乃可以次及其余"。言下之意,只有推翻袁氏政府,才是根本。

此外,朱执信还痛批"暴民政治"和"开明专制"论。

袁世凯为在政治上打倒以孙中山为首的革命势力,大肆攻击孙中山、黄兴为国家内乱的罪魁祸首。说孙、黄二人除了捣乱之外,无实际本领。而标榜自己是"受四万万人民付托之重,不能以四万万人之财产生命听人捣乱",宣称孙中山等如果另外组建政府,就马上举兵征伐。

袁世凯及其政客还大肆散布今不如昔的谬论,攻击辛亥革命后"诐邪充塞,法守荡然""纲纪隳丧,流弊无穷"。甚至公然鼓吹"还政于清",

攻击共和制度使"三纲沦,九法斁","千圣百主相传之遗教,扫除破坏荡然无复几希之存"。还说"观察中国数千年国情民意,非君主立宪不能适合无间也","我国自有史以来,皆以君主政治,绵亘历数千年"。认为共和政体,不适我国,极力鼓吹开明专制论,恶毒攻击革命党的统治为暴民政治,为帝制活动鸣锣开道,制造舆论。朱执信明确指出,袁世凯的倒行逆施,诬陷革命都是为了镇压革命党人,所以唯有的出路是重行革命,推翻袁氏政府。

为批判袁世凯等人的诬陷,朱执信在《民国》杂志上发表《暴民政治者何》、《未来之价值与前进之人》、《革命与心理》、《开明专制》等文,通过事实对袁世凯及其同僚进行深刻的批判和无情的揭露,启导国民的觉醒,认清袁氏的本质。朱执信着重批驳袁世凯所谓"暴民政治"和"开明专制"的实质,明确指出:暴民政治者不是别人,正是袁政府本身。

第一,揭露袁政府暴民政治的罪行

"二次革命"后,袁世凯攻击革命党人为暴徒,共和政权为暴民专制,诬蔑"二次革命"为"少数暴民互相煽惑"。

朱执信引用亚里士多德、柏拉图、斯蒂芬斯的政治学说,并结合现实情况,对于袁氏的言论进行辩驳。他指出:"自革命以来,共和之名既定,顽迷之论者颇穷于诽议之途","宿昔不平者,皆于此一语荫蔽之下,力攻前日造成共和政治之人,然后可以一宣其蓄愤"。朱执信认为批驳袁氏一伙的恶毒攻击、澄清是非是革命党人义不容辞的责任,"人既以此批评我辈,则我辈自审有无适合于彼所用以批评之语之行动,且考察何以致有此批评,实为内对于自己之精神,外对于同志之士众,不可缺之义务。"

依柏拉图、亚里士多德的国家学说,暴民政治系指腐败的共和政治,而区别民主政治与暴民政治的关键在于法治。依此理论,朱执信认为,民国肇始,"我辈之所行,有不为法所规律,而任意以逞,谓之暴民政治可也。顾不幸而当我辈参与政治时，未有可为规律之成文法先我而存在，乃至甚少适于共和政治之习惯可得标举。"相反，根据《中华民国临时约法》制定实施后的事实，朱执信理直气壮地指出："然而其结局，守法者在吾辈，而吾辈以外，自有违反之人。斯则纵有当于暴民政治之名，而吾辈绝不敢代负其责而已。"同时，深刻揭露袁政府暴民于天下的原因。他说："袁氏之所为，则国民多数所愤，而少数所附，徒挟兵力以威天下。虽曰为暴，罪不在民。民非有爱于其诡诈，第不敢抗其锋芒。是以得有共和之名，为僭主之实也。"

据斯蒂芬斯政治观点，暴民政治是指美国的民主共和政治。依此论点，朱执信从民国政府、国会、地方政府、法律习惯等几方面与美国做了比较，认为两者不能相提并论。

民国政府方面。朱执信认为，孙中山执政的南京临时政府才三个月，在此期间的政治设施，很难界定好与不好。若称此为暴民政治，试问暴在何处，其暴几何？尽管在军事编制、整顿、饷给、指挥等方面，"诚不无可指数之点"，但这不能归罪于南京临时政府。这是因为"军队行动，尚多禀承本省，不尽隶属中央"。比之美国政府海陆军之指挥权相差太大。因此，"南京政府，不特无为暴之日，抑且未揽为暴之权"，不能称为暴民政治。

国会方面。前为参议院，后为国会，二者均不能与美国之国会同日而语。朱执信诘问："参议院开院一年之间，其所罢置者几何？除由袁氏及其所辖内阁提案外，曾提出几案？"议会"一度否认内阁员，便谓不顾大局，横以武力恫喝，岂复有为暴之余地哉"。

地方政府方面。美国各州之权力，足以自治，人民有广泛之权利。反观中国民初，"各省都督，大半为拥护中央者"。真正被国民党统治的省份，"凡百行政皆为中央所掣肘，无由设施"，而且厘捐及其他苛捐大都被免去，因而没理由说是暴民政治。非国民党统治的地方政府,"旧免苛税,旋勒以再兴;已赦死囚,复责以捕缚;而前清旧憨,误国巨奸,各省反以湎被许之,未尝稍有收治也"。朱执信指出中国确实存在暴民政治,但实行暴民政治的,不是革命党人,而恰是袁政府本身,"地方政府固不无合于暴民政治者,而非我辈之所与,实袁氏所假以诛锄异己者有然"。

法律方面。朱执信认为南京国民政府制订的法律,袁政府多视为无效,不予继承。"至于法律,则吾辈固也不敢以为后图。然其现存者即已悉等空文,而所草拟者又意不见采用。其在南京政府所颁布者,彼已视为无效,更不措意。是则吾辈方欲筑美国暴民政治之基础,而彼已久破坏之矣。若夫习惯,则固不存于既往,又安得现于将来。"革命党人所致力者,虽为仿效美国宪法法律习惯,还未达到美国民主共和政治之程度,故不能称革命党人实行暴民政治。

朱执信指出,无论从柏拉图、亚里士多德的国家说,还是从斯蒂芬斯的政治观点来看,都不能得出民初革命党人的统治为暴民政治的论点。

除此之外,朱执信还论述了暴民与国民的关系。袁氏所说的暴民,则是真正的国民;袁氏所说的国民,则是旧官僚及其附和者。于是"国会之组织选举既专以吾辈所谓国民为基础,而彼则以为吾侪所谓国民者,大抵皆暴民也"。

朱执信揭露了袁世凯鼓吹暴民政治论的目的,即为实现其专制独裁政治,诋毁民初共和政治,进而消除孙中山、黄兴为代表的革命党人的影响。他说:"革命以来,此两省以革命党多之故,受中央之忌独甚,其受牵制独多,而省议会又皆不失其权。然而以暴民专制见目者,彼之言暴民专制也,不重专制而重暴民。"袁世凯等人一方面说国民的程度不适合共和制度,一方面又不敢明确提出维护君主专制,"于是其表面仍称采国民之公意,而实际则只利用旧官僚及拥资畏祸者之一部分,以饰其行。于是凡不合于彼意者,皆曰暴民"。也就是说,凡不合于袁世凯之意的国民,皆称之为暴民。朱执信认为,这种将"不得富贵之国民,竟全排于国民范围以外",而只利用旧官僚的罪恶行径,如同罗马帝国征服其他民族一样,其目的在于使广大人民群众为贵族少爷们奔走,献其衣食,待其摧残,伺其喜怒,不得议政治之短长。朱执信进而揭露了开明专制统治的后果,指出:"彼征伐暴民之胜利,其结果为少数阀阅富豪戴一独裁总统以为国,而使此战败之暴民为其奴役,为之出租税、供娱乐,为之执干戈、捍牧圉,为之戮子弟、散夫妇、掷财产,而博一朝夕之欢。"

对于章士钊等人在《甲寅》杂志发表议论,诬蔑南京临时政府为暴民政治,倡言"调和立国论",朱执信也严肃斥责其为人利用,不惮落井下石,"而利用之者,亦何妨藏弓烹狗。至于今日,尚有披民党之面目,而暴民政治、征伐暴民之声不绝于口者,究竟何尝有丝粟之益于一身,但贱劣根性,以辱为甘"。

朱执信对共和民主政治充满信心,坚信袁世凯的统治不会长久,希望人民以真正国民的资格同袁政府的倒行逆施进行针锋相对的斗争。他认为,"在今日,袁所谓暴民政治者虽绝其踪,而袁所谓暴民决不能阮诛悉尽。但使暴民不变为忠奴,则四万万人之民国,决不终成为五百余国民与四万万奴隶之帝国"。

第二,指出所谓开明专制,实为独裁专制

开明专制论原本是梁启超在与革命党人的论战过程中,为反对革命党人的民主共和政治主张而提出的政治改革设想。他曾说:"与其共和,不如君主立宪;与其君主立宪,又不如开明专制。"袁世凯当选大总统后,为了给袁氏的专制独裁统治提供理论依据,梁启超重奏开明专制曲调,为建立"强有力之政府"、"贤人政治"摇旗呐喊。公开宣称,开明专制乃是走向民主立宪、使国家富强的必经阶段。袁世凯非常赞成梁启超的开明专制论,并依此为护身符,加紧了专制独裁和复辟帝制的步伐。为了抵制袁氏的倒行逆施行为,捍卫民主革命的成果,朱执信对开明专制论进行了猛烈的抨击。

朱执信说:"近日言开明专制者,其志固在专制不在开明也。然世自有信开明专制为不可已者,特今未得政权,未昌言之耳。而以余所信,则开明专制决非如或一辈人所想象之不可已。故为此论,初不为彼以圣文神武皇帝自拟者说也。"朱执信认为,专制是与民主对立的一种制度,开明专制则是专制的一种状态,它与专制并无本质的区别。"专制不无收良果之日,即自命开明专制者,实际亦不无有开明之施政之时。而其不能评以为一种善良制度,又相似也。然而简言之,谓之专制可矣。"

朱执信分析了提倡开明专制论者的心理状态,强调"今之论政者耻言专制,意或以为专制之效果必不良。因是见古有效果良者,则曰是开明专制,异于其他专制也"。而这纯属谬论。朱执信一针见血地指出,开明专制实为专制政治的代名词,"开明专制义如其文,不过以专制之政体行开明之政治而已。夫其政治如何始可谓之开明,本已为不可解决之问题。开明与不开明之区划,决非显然"。袁世凯等人喜欢开明专制,"不过得一进步之恶人以为君主,其捐于天下者少,而利彼一家者多,因是而被开明之号,而无以辞于专制之实"。

朱执信又从提倡开明专制论者的目的与手段的关系方面做了剖析。他认为,"以开明为目的,以专制为手段"去训练国民为"立宪国民"的主张,完全是一种说不通、做不到的愚民利器,是站不住脚的。

首先,专制不能达开明之目的。开明的目的未实现以前,人们所见到的、所身受的只能是其专制的手段,"无一可以严密符合于人所豫期者",因而开明的目的是专制。"专制固不开明之事也,以求开明之故,而事不免流于专制","当其专制之时,必力排民权自由之说"。因此,以专制为手段去达开明的目的，如同缘木求鱼，不但不能行，反而适得其反。朱执信还从中国数千年来的专制统治的历史未能使中国人民有丝毫权利，立宪共和连影子都没有来驳斥开明专制可达民主共和的谬论，说："如使专制之政可以致人民程度进步，则中国为四千年以上不绝专制之国，其人民程度，宜比之世界各国皆高，纵使世界各国尚未有立宪共和，中国犹当为之先进。何以至今程度未足之叹犹多？"

其次，朱执信强调，专制绝不能养成国民立宪的能力。因为专制与立宪本来是两种不同的政治制度，"欲其民适于专制者，当先以专制施之，而求民与之习。欲求其民适于立宪，则必先采立宪之制，而后使人民肄之。以两者之各不相谋，而谓以其一为他一之豫备者，反于事实，不可通也。"朱执信诘问，如果说国民之程度未足，只有专制才能促进国民的程度，那么，中国"四千年来专制所不能进者，今遂可以专制十数年进之乎？"人民的程度，不外智识、道德两个方面，人民道德之进步，"全由于社会之自体，非执政所得与，但赖其无奖不道德而破社会之纲维耳。于此决不能发现专制能使道德进步之理由"。人民智识之程度，"在专制之下，不能进至适于立宪之程度。则求人民有立宪国民之程度，唯有先取立宪之制以为之先。如是始有立宪之教育可施，其人民有得立宪的经验之途也"。

朱执信指出共和立宪与开明专制，是两种不同的政治制度，不能混而为一。他认为，即使是专制之结果良好，但"尚不及立宪之最劣者。朱执信还指出，袁世凯的帝制活动实为政治上的大倒退。专制作为一种制度的存在，有两种场合，一为在未有立宪制度之时，如中国古代之专制，"承袭而利行之"；一为推翻立宪制度"以立专制"。前者"不过改革迟延"，而后者"则明为政治之退转"。

对于梁启超的贤人政治论，朱执信也进行了驳斥。梁启超等人认为："昔希腊大哲阿里士多德论列各种政体，谓各有利病，而其理想的政治，乃在得一大贤以作之君，总揽万机，全国受成。我国孔墨之论政，其所想望者亦在是，恒言谓政治无绝对之美，吾谓苟能得请于上帝，使常降贤圣之元首以行开明专制"。梁启超等人希望通过贤人政治使中国从无序中创造出秩序。朱执信认为，贤人政治没有从根本上改变封建专制本质的可能，不可能产生真正的进步政治。尽管专制的君主有时也会采取一点所谓开明的措施，让国民发表一点无关痛痒的言论，但这决不能"证其制度为良"。政治的良否取决于社会制度，而非取决于某个统治者的开明。

再次，指出只有促进人民觉醒，增强共和民主意识才有中国的未来。要使人民真正成为国家的主人，担负起救国的历史责任，朱执信认为，当务之急是唤醒人民，增强其共和民主政治意识，以主人翁的姿态投身于革命的洪流之中。他说："今日吾人所当致力者，在促起人民之觉醒。""今之所急着，固在人民自觉醒其力与其责任。"要使国民认识到捍卫共和民主制度，实现民主政治是自己义不容辞的责任，"非他人事也"。在朱执信看来，政治的革新，社会的进步，全依赖于人民的觉醒。他说："政治之改良，实恃人民之认政治为一己之事，乃能进而不止，非吾人之力能使然也。彼自有其力，此特推而动之耳。"

人民的意向决定国家的兴衰，朱执信认为，"国家所以存立者，根于人民之不反对"。他以辛亥革命为例，指出清朝的覆灭和民国的建立，实受命于国民，"皆以人民无固守其专制之勇气"。由于人民群众都希望民主共和制度，"于是清帝不得不弃其专制之权，而将返之国民"。袁世凯的倒行逆施，复辟帝制，不得民心，所以必然垮台。由于"袁氏非真得国民心理之扶助，且非特不有之于现在，亦不能有之于将来"。人民是国家的主人，谁都不能把自己的意志强加于人民，即使是革命党人的主张，也有"待国民之采择"，实行民主共和还是君主专制，应以人民的意志为归宿，只有"各人自由用其力，竭其智而择之，而行之可也"。如果不以人民的意志为向背，不管是什么人，其统治势力都必然要垮台。

与此同时，朱执信指出，中国由于没有政党政治的民主历史，应提高国人比较淡薄的政党观念和民主意识，正确处理政党与国民的各种关系。

就政党与国民的关系，朱执信认为，政党的存在，必须以国民为基础，政党必须代表国民的意愿。西方一些国家之所以兴盛的根本原因，就在于取悦其民。具体地说，就是"政党媚国民，国民不媚政党"。而中国则恰恰相反，政党与国民的关系是脱节的、不相连的。因此，"政党不媚国民，国民中有望爵禄者，乃媚政党以求进耳"。出现这种情况，根源在于国民政治观念淡薄，"国民既以政治为非自己之事"，而政党也不仅不以政治为自己的事，反认为政治是仁慈国民的。因此，政党不得媚于国民。朱执信从其亲身体验中指出，国民党的失败，就在于没有媚于国民，而"媚于一人者所胜"，进步党的失败，也是由于"媚于一人而不得善其终"。

对于国会与国民的关系，朱执信强调，无论国会承认借债、排黎（元洪）举袁（世凯），都说明国会不能从根本上制约袁世凯的倒行逆施。根源在于"人民以政治为非己事者"，"国会本无固有之势力，皆假之于人民。而人民方委命于袁，斯固无责于国会"。

就国民与地方自治的关系而言，朱执信认为，实行地方自治，必须以国民为基础。就已实行的地方自治来看，"大抵为少数旧日绅士所占，其一部则与县知事相结托，以为奸利；其一部则理事不理，唯与县知事争县中收，求其定为县会经费而分之"。不以政治为自己的事的国民，是不能真正实行所谓地方自治的。如果国民不认治理本县为自己之事，那么，对于一国之事就可想而知了。以此为基础而建立起来的地方自治，"徒存其形式而已，乌能为治？"

关于国民与军队的关系，朱执信认为，革命胜利的关键取决于多数人之心和军队之向背。得道多助，"则成功迅而干涉无由而止"，否则，失道寡助，其事将败。为赢得军队的支持，朱执信强调，必须注意亲族的影响。军队是由军人组成的，而军人则是一个社会的人，必然要受到社会尤其是亲族的影响。"一人之所是非，常不止基于自己之利害，而受其亲族之影响是也"。尽管袁世凯竭力禁止在军队中传播革命思想，但这些来自民间"有志于倒戈"之军人，"固不待闻之于行伍之内，实受其父母妻子之所感化，而油然自生，则袁氏将何由能以恩结之"。袁世凯不能抚循国民，只想抚循其军队的做法是错误的。

政党之兴衰、国会之腐败、地方自治之流于形式、军队之反动，都直接与民众有关。朱执信之所谓民众，有时说是"国民"，有时又说是"人民"，其实在他看来，"人民"与"国民"是同一概念。所以，他认为，对于上述存在的问题，决非"既有此失，便当缄口受之，作孽莫逭"。而应当"以为败自己之事而责之，如株主之责其理事"；而不应当"以为加害于自己而责之，如马牛之怨其圉牧，工人之怨其监工"。人民有从事政治活动的责任，同时也要受政治的约束。但是，目前中国人民只觉受其害，而尚不知应该"施政之责"。对于选举权，不认为是为自己的权利，而认为是为别人尽责。因此，对于选举出来而又不能代表人民意愿的人，不但不指责他们"负我委任"，反而认为"为我荼毒"。

在"二次革命"失败后，朱执信到了日本便决心从事舆论宣传，通过提高国民的民主意识达到最后推翻袁氏独裁而实现共和民主的目的。他不仅对袁世凯疾恶如仇，而且对支持袁氏独裁反对共和民主的人亦无丝毫之迁就，丝毫没有妥协。这表明朱执信除了具有湛深的学问和渊博的知识，以及对政治与人民的理论有独到的认知外，也说明他具有坚韧不拔、疾恶如仇，以及大无畏的奋斗精神和对理想政治的执着追求。

三、驱逐广东军阀龙济光

袁世凯镇压了"二次革命"之后,便加紧复辟帝制。1913年6月召开国会,袁世凯窃取了大总统职位,次年1月便解散了原国会,5月又颁布《中华民国约法》,取代了孙中山制订和颁布的具有资产阶级民主精神的《中华民国临时约法》。

同盟会自1912年8月改组为国民党后,其精神与组织涣散,"长衫同志变成政客,武装同志变成军阀,同时军阀又加入本党做武装同志",失去一个革命团体应有的作用。孙中山认为"二次革命"失败的根本原因,不是因为袁世凯兵力的强大,实际上在于人心的涣散,在于革命党人不听从指挥。针对党人"意见分歧,或缄口不谈革命,或期革命以十年,种种灰心,互相诟誶,二十年来之革命精神与革命团体,几于一蹶不振"的状况,孙中山号召党人"既不可以失败而灰心,亦不能以困难而缩步",而应当同心协力,再谋革命。

在吸取"二次革命"失败的教训的基础上,孙中山于1914年7月8日在日本东京将国民党改组为中华革命党,并被举为总理,本部设总务、党务、军务、政治、财政五部。《中华革命党总章》规定,以实行民生、民主两主义为宗旨,以扫除专制政治,建设完全民国为目的。入党者必须以牺牲一己的身命、自由、权利,而图革命之成功为条件。无论资格多老,皆须重立誓约,加按指印,绝对服从党魁的领导。至1914年5月,先后入党者达四五百人。孙中山改组国民党为中华革命党的良苦用心,却为相当一部分革命党人所不理解。黄兴、李烈钧、柏文蔚等持异议,朱执信、胡汉民、廖仲恺、胡毅生等也心存疑虑。

尽管朱执信暂时未加入中华革命党,但并不影响他反对袁世凯的斗争热情。他认为,广东一直是革命党人的根据地,若要取得反袁斗争的胜利,必先夺取广东。"二次革命"后,龙济光盘踞广东,而龙氏则是袁世凯的心腹、爪牙,革命的大敌,必先除之而后快。为返粤策划讨龙运动,朱执信向孙中山请示,准许他回国返粤倒龙,但孙中山要求他先加入中华革命党,方许派其回国负责广东地区的讨龙运动。但此时,朱执信仍然不太赞成孙中山组建中华革命党的主张,甚至对绝对服从孙中山的规定,表示怀疑。他认为,自己已是国民党员,没必要再加入中华革命党,为此,两人还曾辩驳。

第一次世界大战爆发后,革命党人纷纷回国策划反袁举义,朱执信亦于此时返回广东。他先设立机关于香港,不久又迁至澳门,积极筹划讨伐龙济光的斗争。据罗翼群回忆,朱执信回广东后,曾向海外自行募款,孙中山对此表示不满,曾致函海外同志予以制止。

先是,袁世凯于1913年8月3日任命龙济光为广东都督兼署民政长官,并授为陆军上将。龙济光奉命攻占广州,出任广东都督。袁称帝后,龙氏被封为一等公加郡王衔。1914年1月,龙氏悬赏通缉广东国民党要员,其中拿获朱执信、邓铿均赏银2万元。3月,邓铿等革命党人冒着生命危险由日本返回广东。6月,他促成陆军营长吴文华于广东饶平县黄冈起义、王国柱于潮州起义,揭开了广东地区讨龙运动的序幕。朱执信回到广东后,邓铿与他合作,对他极其敬重,凡是进行革命,都事先与朱执信商量后,再分头行动。在两人的共同努力下,广东地区的讨龙运动蓬勃展开。

面对讨龙运动的顺利进行,中华革命党本部却无力给予经济上的援助。于是,朱执信和叶夏声分赴南洋筹款。9月14日,朱执信抵达新加坡,得到了邓泽如、邓子瑜的协助。朱执信分析了革命形势,向他们说明了南洋之行的目的:"倒袁之期,可以预卜。独是发动之初,不能无款,事机已迫,更须速筹。用特南来,商请各埠同志,勉为捐助。俾发动应时,不失机宜,早复吾民之自由,登之安席。"

9月16日,在邓泽如的陪同下,朱执信经过吉隆坡等地,去芙蓉,后

1914年,朱执信奉孙中山之命,赴南洋为讨袁筹款时与同志们合影。

出马六甲、马哈腊尼,于10月1日回到新加坡。10月3日搭法国邮船返抵香港。往返半个多月,筹款4万余元。

随后,朱执信、邓铿进行了精心布置,朱执信以发动绿林为主,邓铿以策反为主。他们首先派遣同志回广州投掷炸弹,散布言论,以造成恐怖气氛,动摇龙军的士气。同时积极筹备广东各地发动民军起义,邓铿、邓子瑜等负责东江,李海云负责恩平、开平、台山,陆领负责乐从,林警魂、梁德负责高州、雷州两属,梁诚负责新会,李天德负责番禺,李洪负责容奇,其他地方也分别委托同志具体负责筹划起义。

朱执信不辞劳苦,历尽艰辛,常常来往于广州、南海、佛山等地发动绿林豪杰,有时"因防军围搜,一夜之中,往往数迁"。而他所住的地方,"不是田中的茅寮,便是山中的岩穴,或甚露宿于长林丰草之中",其"坚忍耐劳,刻苦卓绝",真是为人所不能。经过努力,各地民军均允发难,誓倒袁贼。甚至龙济光所部一些将士也愿意倒戈相从。

11月5日,朱执信亲自参与武装讨龙。按照事先约定,派人在广州制造举义紧张气氛,打乱龙济光的部署计划,果不所料,龙济光中计,将出防各地的军队纷纷调回广州。各路民军乘虚进攻。11月11日清晨,千余民军直奔佛山，击毙敌军百数十人，击伤数百人。同时，朱执信等还策动驻防广州的炮兵内应。但终因枪械不足、弹药短缺，最后被龙所调部队镇压，起义宣告失败。

朱执信做事光明磊落，敢作敢为，勇于负责，于1915年1月撰写了长达7000余字的《讨龙之役报告书》，向南洋华侨做了详细的报告。他说："此次广东举事，蒙各同志倾心相助，未至成就，复求匡倾，惭恧无地。唯自始事以来，进行大概，尚未报告。此时正在收集休养，准备续战，特先将办理大略，报告于下。"他说："此次办事，先由弟与邓君（铿）商定，东北一路（分惠州、潮州、韶州、增龙四路）由邓君派人办理。西南一路（分番禺、花清、南顺、恩开新、两阳、高州五路），由弟同各处同志办理。而西南城内、番禺、江门两处，以已由邓君派人交涉，故仍为邓君指挥。邓君所运动者，多为军队，仅惠州及增龙两处，兼恃绿林合力，而仍以军队为主。弟所运动者则主为绿林。城中暗杀事件，专由邓君指挥之。城中内应，则由两人分别派人办理。"

朱执信对于经费问题逐项予以说明，列举了筹借款的花名册，共计收入54865.05元。支出部分，共计54865.05元，收支相等。朱执信又详细叙述了此次讨龙起义的筹备、发动及失败的过程，并分析了败因，主要归结为经费、军队和绿林三个方面。

朱执信认为，经费短缺，是失败的重要原因。"其始汇到款项，先拨东北路经费，西南一方徒待款到，不能办事。其已运动之惠州方面又先起，不侍他处"。尽管南洋之行筹款近4万元，但到起义时，实际汇到的数目却十分有限。结果"方各路纷纷告急之时，正此间司农仰屋之际"，"攻各路不惟子弹之告竭，并且糊口之无赀"。

其次，反正军队不可靠。"反正之军队，在惠州，在增城、龙门，在虎门，在江门者，各负心反噬，或捕人，或拒敌，以是与原计划龌龊颇多"。

而绿林民军,又缺乏远大的理想和革命主义,纪律涣散,难以驾驭。"南(海)顺(德)起时,花县绿林为委任状及巨款之言所诱,不肯即动。故惠州起而佛山不能应,佛山起而花县又不能应。及花县既悟,高州又起,佛山之众方拟再进,又以内应泄而不得成"。

朱执信主动承担举义失败的责任,"凡此皆办理不善之处,弟等责无可辞"。他希望同志们不要因为暂时的失败而灰心丧气,鼓励大家"养精蓄锐",坚信"民力必有伸张之时","现在之局面,不过是暂缺资本,须待补充,并非全盘破坏,另起炉灶"。

此后,朱执信继续策划讨龙活动。他时常往返于港澳之间,并先后几次派出代表,动员驻肇庆的李耀汉部队和广州的李福林部队寻机起义。他又派出钟明光等前往广州,暗杀龙济光,1915年7月17日,龙济光被炸伤,但钟明光却当场被捕,惨遭杀害。临刑,钟明光写下"国破家亡,千古英雄千古恨;身殁名在,万年史记万年春"自挽联,表现了视死如归的革命气节。

讨龙之役失败,讨龙运动陷入低潮。因经费和武力的限制,革命党人不能有大的作为。诚如朱执信所言:"在实际上,吾辈作事,正所谓上水百斛船,用尽气力不离故处,若稍有停篙之势,则一落千丈矣。黄帝之书所谓日中蕢,操力心割者也,近日所谋或不尽如意,要之有可希望,若得小助则先办一小方面,大助则多办,总以一试为期。"孙中山于1915年11月初邀请朱执信赴日商量军事。在日本,朱执信向孙中山报告赴南洋筹款的经过及粤事失败情况,讨论如何进一步开展反袁讨龙的斗争。此时,朱执信由廖仲恺介绍,正式加入中华革命党,誓书号码为41978。12月2日,孙中山委任朱执信为中华革命军广东司令长官。

朱执信加入中华革命党后,旋据孙中山的指示,以中华革命党广东司令长官的身份,于1915年12月中旬返回澳门,由张发奎、薛岳等人协助,秘密建立革命机关，继续领导广东地区的讨龙斗争。孙中山致函广东地区的革命同志，要求他们凡事都要听朱执信安排再行动。此外，还从经济上予以支持，致电朱执信："如君需款，余等亦能寄多数之款项。"1916年初，朱执信在澳门广泛联络，努力延揽人才，吸收了不少志士加入中华革命党。

当朱执信以中华革命党广东司令长官的身份回广州后，朱卓文、周之贞所部，先后来归。为了合力反袁，朱执信还试图联合陈炯明，但遭到陈炯明所部拒绝。朱执信和陈炯明曾在香港、澳门进行数次会谈，均未达成共识。联陈未果，朱执信任命李海云为中华革命军广东第一军军长，负责南路；李岳宗为第二军军长，负责四邑、江门；陆领为第三军军长，负责南海、顺德、中山；李天德为第四军军长，负责番禺、增城、从化、东莞和广州附近；谭惠泉负责雷州半岛。

1915年12月25日，蔡锷在云南发起护国运动，组织护国军，与唐继尧、李烈钧联名宣布云南独立。革命的声浪顿时弥漫全国。1916年1月，护国军兵分两路，一路由蔡锷率领入川，一路由李烈钧统率攻粤，决心和全国倒袁运动相结合。龙济光奉袁世凯之命，调其精锐部队西上，以阻止护国军东下，留守广州的只是些没有战斗能力的新兵。朱执信认为借此机会发难，容易得手，立即发动党人在惠州举义。在与敌军相持数日后，被济军援军所镇压。接着，朱执信又召集同志，议定兵分三路，于2月9日出发，直攻省城广州。一路由绿林首领谢细牛统率，从番禺石湖村袭取兵工厂；一路由澳门潜入内地，沿罗岗洞、龙眼洞等进攻广州小北门；一路由广九路乔装藏械，沿途上车，直攻广州东关，牵制敌兵，使其不得兼顾。等到袭取工厂得手、夺得枪械，便武装绿林，兵分两路，夹攻广州西关和大北门，以为东北两军的策应。

2月5日，朱执信率领部众潜入石湖村，绿林和民军4000余人此前已到。清远、花县、东莞各地的绿林豪杰数千人，也约定于2月8日到石湖村集齐。

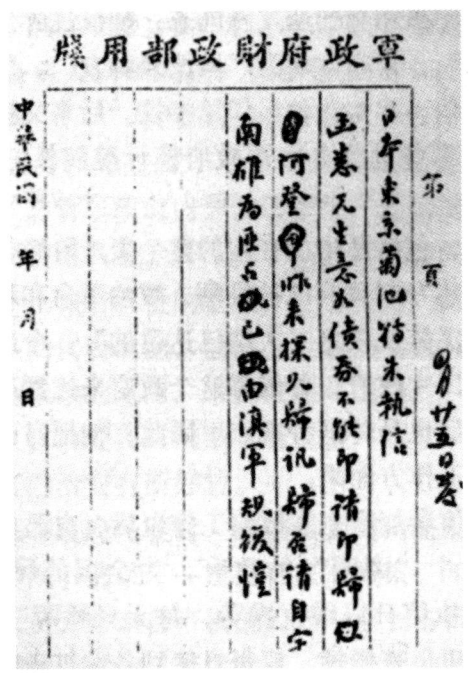

为军政府发行债券事，廖仲恺致朱执信函。

一切准备基本就绪，就在此时，龙济光得到密报，立即调遣精锐部队两营，由炮兵团长田春发率领，于2月7日夜前往镇压。8日黎明，民军与田春发所部在石湖村展开激战。民军毫无畏惧，英勇杀敌，当场击毙田春发，济军遭到重创。但是，济军又派兵增援，炮火猛烈。9日凌晨，在敌强我弱的形势下，朱执信下令撤退，功败垂成，殊为可惜。这是朱执信任中华革命军广东司令长官后所发动的一次大规模的武装讨龙运动，它有力地牵制了济军，从而为护国军入粤创造了条件。朱执信说："龙氏在广东有兵5万人，仅以3000往滇者，中华革命军牵制之也。"随后，朱执信又对撤退部队进行整编，并准备进攻虎门。

龙济光虽镇压了此次举义，但深感革命党人难对付，为增强实力、安定军心，迅速电请袁世凯派军舰南来，以壮声势。袁氏派肇和舰来粤，泊黄浦。当上海的革命党人得知此事后，便派邵元冲到澳门，告知上海方面袭击肇和舰失败的情况，准备率领同志到广东，以谋再举，嘱朱执信准备响应。朱执信立即将情况通报给各路民军首领。（当初民军在粤失败后，首领多避难澳门。）民军首领普遍信心不足，认为石湖村之战后，将士元气尚未彻底恢复，加之枪械不足，很难再起。朱执信劝勉他们说："今天与昔日情况已有不同，在沪同志很有再接再厉的勇气。"在朱执信的说服、鼓动下，民军首领们的态度有所转变。

1916年3月，在朱执信与邵元冲等在澳门面商攻袭肇和舰计划后，便召集各路民军首领，通知起义的具体时间，嘱咐他们返回内地，待令举兵。一旦肇和舰到手，就同时向广州前进。具体步骤是：朱执信负责筹得轮船运送军械和人员，邵元冲率领由沪南来的同志负责攻袭肇和舰，朱执信很快地完成了他的任务。

当时，由澳门开往广州的夜轮有两艘：一悬葡国旗，一悬中国旗，在澳门的革命党人决定乘悬挂中国旗的轮船。3月6日夜，邓彦华负责把枪弹带上船，并暗交船上同志，其他同志扮成商人或小贩。凌晨，当轮船抵达广州黄埔港，驾驶员即将准备驾轮靠近肇和舰之时，恰值珠江退潮，水流急骤，把舵不灵，几次都未能靠近，被肇和舰上的敌军发觉，鸣号告警。在此紧急关头，革命党人投弹械入水中，袭击肇和舰的计划流产。

朱执信等人策划的几次讨龙武装起义尽管都失败了，但给龙济光造成了极大的威胁。李耀汉部在肇庆通电反袁，并以中华革命军为友军，钦廉、潮汕驻军相继宣布独立，广西督军陆荣廷宣布参加护国军，龙济光四面受敌，他为了自保，被迫于4月6日宣告独立，脱离北京政府。

"广东独立"后，龙济光不但没有收敛，相反却加紧了对中华革命军和民军的"征剿"。他命令中华革命军和其他民军不得再行招兵，凡在"广东独立"以前成军者，一不能夺缴各地陆海军的枪械，二不能截船，三不能前来省城广州。如擅自进城，则以土匪论处，严于"痛剿"。龙氏还派兵攻击中华革命军。

龙济光于4月12日邀请各方代表,以讨论停止党派争端、停止民军进攻省城、民军与警卫军合作等问题为名,在广州海珠(海军司令部)召开善后会议。参加会议的代表有进步党的徐勤、汤觉顿,广东警察厅长王广龄、商会会长吕清等十余名。会场内外士兵荷枪实弹,剑拔弩张。与会代表与龙济光的部将发生龃龉,随即引发争吵,会场秩序大乱。龙的部将开枪射击,整个会议变成了一场血肉横飞的混战。汤觉顿当场罹难,王广龄重伤不治身亡,徐勤等人逃脱,此外,还有多人伤亡,这就是震惊全国的海珠凶杀案。会前,朱执信虽接到邀请,但未出席,幸免于难。

海珠善后会议后,面对各地民军的纷纷起事,龙济光决计改变策略,由"征剿"改为调和。4月下旬,命令李福林与朱执信议和,商讨停战条件。朱执信坚持的条件有二:一是江门济军定日撤退,仍由中华革命军驻扎,并于省城附近的燕塘、牛山鱼珠炮台、虎门炮台三地指定二地为民军移驻

朱执信为李祺祕所立纪念碑

地点；二是佛山附近停战，以石湾为界，互不侵犯。可是，龙济光不但不接受，反而肆意歪曲朱执信的主张。公然说朱执信"愿将佛山一带民军，即日饬令停止战事，另由光指定地点，饬其移驻，以便编练北伐"。对此，朱执信致函李福林给予揭露："相期如此，谈判何由得调？若真有诚意，宜将济军退出虎门或江门，归我军填扎，则将来各自率兵北伐，两不相统属，议可有成。否则，徒劳往返耳。"

海珠凶案暴露了龙济光坚持反对共和民主的真面目。为誓死讨龙，4月下旬，朱执信派人往肇庆同护国军代表岑春煊联系，并商议了讨龙的具体步骤。计划兵分东、西、北三路，直取广州。东路为朱执信、邓铿所率领的中华革命军，西路为陆荣廷所部桂军和李耀汉所部肇军，北路为李烈钧所部滇军。为了集中力量讨龙，朱执信委曲求全，同意在讨龙胜利、广东问题解决后，继续率军北上，不争夺广东地盘。6月中旬，由朱执信、陆荣廷、李烈钧率领的三路兵力，誓死夺取广州，济军四面受敌，纷纷逃命。7月6日，北京政府委任陆荣廷为广东都督，10月，龙济光残部退往海南岛。

龙济光退守海南，标志着广东讨袁运动的结束。在全国反袁运动中，广东地区起事最早。讨龙斗争，始终是在朱执信和邓铿的领导下进行的。为取得胜利，朱执信克服重重困难，不辞劳苦，置生死于度外，充分表现了大无畏的革命精神。正如胡汉民所说："执信悉力经营粤事，时往来于港沪间，龙济光之蹶于粤，执信之力为多焉。"在广东地区的讨龙斗争的感召下，西南各地的反袁活动蓬勃开展，云南、贵州、广西等省相继讨袁，护国军务院也在肇庆成立。讨袁斗争沉重地打击了袁世凯的帝制美梦，使护国运动以最后的胜利告终，讨袁斗争彪炳史册，这其中有着朱执信的功绩。对于护国运动牺牲的同志，朱执信随后表示了无限的哀悼，1917年4月，他曾为1916年在台山北陡参与护国运动牺牲的李祺礽（又名李箕）战友立碑，以示纪念。

四、襄助孙中山的护法运动

1916年6月6日,袁世凯在全国人民的一片唾骂声中死去。副总统黎元洪继任大总统,段祺瑞出任国务总理,段以北洋正统派首领自居,依附日本,掌握军政大权,与黎元洪分庭抗礼。先是在国务院秘书长人选问题上,黎元洪和段祺瑞发生了争执,最后由徐世昌出面了结。随后,在要不要参加第一次世界大战对德国宣战问题上,双方斗争更趋白热化。

为了达到主战的目的,段祺瑞将其手下的十几个督军叫到北京,组成"督军团"。所谓"督军团"是1916年7月6日,北洋政府下令把袁世凯在世时称为将军的各省长官更名为督军。后国务总理段祺瑞与总统黎元洪在对德绝交和宣战问题上争论不休,段为加强力量,以开军事会议之名,于1917年4月召集各省督军到北京,指使他们对黎施加压力,并企图强迫国会通过对德宣战案,时称这批专横跋扈的军阀为督军团。督军团的组成是段祺瑞玩弄的以军事对黎元洪施加压力的把戏,但未获成功;后来段祺瑞又叫人撰写了对德宣战书要总统盖印,黎元洪为了平息风波,勉强在文件上盖了章。即使这样,段祺瑞仍不满足,在国会开会讨论时,又大肆干涉。恰在这时,段祺瑞私自向日本借款一事被揭露。1917年5月21日,黎元洪乘机下令撤销段的总理职务。倪嗣冲很快宣告安徽独立,向黎示威,接着又下令截断津浦铁路,并组织北伐军,要求"严惩奸谀,解散国会,另组议宪机关,起用老成硕望总理阁员,除帝制嫌疑各人罪名"。

就在国内形势不定之时,在上海的孙中山即与朱执信、章太炎、程璧光、陈炯明等商定护法事宜。6月5日,朱执信与章太炎、胡毅生联合通电,"以三事昭告天下":

一曰将吏本中央所任,弁髦明令,则位号非所得据。自叛首独立以后,凡在国民,及其部下将校吏士,不应认为督军省长,当竭股肱之力,以遏乱流。强者举兵,弱者抗税,匹夫有志,惟所堪任。

二曰将吏游客,有为叛人主谋、受其调遣者,是为赞乱,悉以逆党视之。

三曰专门一方,有力能讨,而坐视邻省之变,束手玩寇,或且昌言调和,为之游说,以挠国会元首之大权者,是谓奖乱,亦悉以逆党视之。(《时报》1917年6月7日)

6月6日,孙中山通告陆荣廷及西南各省督军、师长,斥责倪嗣冲为叛军首领。倪氏"窃地拒命",作"谋叛各省之屏蔽"。黎元洪惶恐万端,电请张勋出面调停。张勋便以调解黎、段冲突为名,带领3000辫子军于6月14日入京。经过一番秘密策划,于6月30日晚入清宫,召开"御前会议",决定发动复辟,恢复清帝国。深夜,张勋派兵占据北京火车站、邮电局等要地。同时派人劝黎元洪"奉还大政"。7月1日凌晨,张勋穿上清代的朝服朝冠,率领康有为等人,拥12岁的溥仪登基。并于当天发布八道上谕,把民国六年改为宣统九年,易五色旗为龙旗,恢复清末官制,封官受爵。张勋自为议政大臣、直隶总督兼北洋大臣,掌握军政大权,史称张勋复辟。复辟消息传出后,全国舆论一片哗然。

此时,段祺瑞借反复辟为名,组成讨逆军,自任司令,于7月12日攻克北京,赶走张勋,溥仪再次宣布退位,段祺瑞以"再造民国"的元勋自居,出任国务总理兼陆军总长,成为实权派人物。从此,段祺瑞继承袁世凯的衣钵,一面出卖国家主权,与帝国主义勾结;一面取消约法和解散国会,镇压革命运动。

面对此种局势,孙中山力主迅速恢复《临时约法》和国会,维护国内和平统一，极力反对中国参与第一次世界大战，使中国人民重获休养生息的机会。孙中山等革命党人齐聚在上海中华革命党事务所，谋划开展护法运动，朱执信以秘书的身份负责日常工作。

针对段祺瑞政府的对德宣战的政策，朱执信根据孙中山的授意，执笔写下《中国存亡问题》一文，于1917年5月由上海泰东书局出版。主要从国家与战争的关系、战争的性质、参战的利害、中国自身的实力以及外交得失、帝国主义对华政策等方面论述中国不应参加欧战，给段祺瑞政府当头一棒。该书一经出版，洛阳纸贵，大受读者欢迎，同时被译成英文和日文对外发行，引起了上海租界巡捕房的注意。他们马上搜查上海泰东书局，并准备逮捕朱执信。

针对段祺瑞政府出卖国家主权、毁弃《临时约法》和拒开国会的行为，孙中山于1917年6月10日指出："现值时局已非，共和国家被倪逆等（指军阀倪嗣冲、段祺瑞）推倒，刻以挽救为重。"7月3日，孙中山在上海召集同志，决定通电全国，以恢复《临时约法》和国会为口号，发动旨在反对伪共和、捍卫主权在民的护法运动。

7月6日，孙中山、朱执信、廖仲恺、何香凝、章太炎、陈炯明等乘"海琛""应瑞"舰离沪南下广州。19日，孙中山在广州各界欢迎会上发表演讲，指出当今变乱，"非帝政与民政之争，非新旧潮流之争，非南北意见之争，实真共和与假共和之争"。8月25日，孙中山在广州召开国会非常会议，议决建立一个反对段祺瑞政府的中华民国军政府。31日，通过《中华民国军政府组织大纲》，共13条，规定中华民国戡定叛乱，恢复《中华民国临时约法》，特组织中华民国军政府。军政府设大元帅1人，元帅3人，由国会非常会议选举。《中华民国临时约法》的效力完全恢复以前，中华民国之行政权由大元帅行使，大元帅对外代表中华民国。军政府设外交、内务、财政、陆军、海军、交通六部。9月1日，国会非常会议选举孙中山为中华民国海陆军政府大元帅，陆荣廷、唐继尧为元帅。即日，孙中山表示"当竭股肱之力，攘除奸凶，恢复约法，以竟元年未尽之责，雪数岁无功耻"。9月10日，护法军政府正式成立，孙中山就任大元帅职。在军政府中，朱执信主持秘书处的工作，除处理枢机事务外，还负责军事的联络。

对于革命党人的南下，陆荣廷最初表示欢迎，希望借用孙中山的势力，与北京政府讨价还价。当得知孙中山南下的目的在于护法时，他便大失所望，从而暗中阻止。护法军政府成立后，陆荣廷公开反对另组政府，唐继尧也拒受元帅职，致使护法运动迟迟无法开展。

护法军政府的军事力量只有海军和李福林的福军数营，相对薄弱。军政府处处受着实力派军阀的制约。正所谓"军政府有政府而无军，军阀有军而无政府"。孙中山拟在原有海军、福军之外，再建立一支政府军。

为组建政府军，孙中山要求广东省长朱庆澜以省长亲军司令的名义，拨20营给陈炯明指挥，但不久朱庆澜受桂系的排斥离粤。后在胡汉民、汪精卫等人的协助下，陆荣廷勉强答应将20营军队交给陈炯明，但必须以援闽名义，开赴闽南。孙中山采纳朱执信的建议，命令陈炯明于1917年12月2日就任援闽粤军总司令一职。尽管如此，护法军政府还是没有足够的武装力量，孙中山又把工作重心转向动员地方军队和组织民军方面，而主要承担这一任务的又是朱执信。

朱执信认为，在桂系军阀的压力下，如能得到李耀汉肇军的支持，加上原有的海军、福军，军政府才能稳固。因为此前与李耀汉有过合作，所以朱执信亲自去争取肇军。朱执信又派邓荫南、陆丹林等分赴各地设立秘密团体，着手编练、组织当地民军。

其时，广东督军莫荣新事事听命于桂系头子陆荣廷，诋毁军政府为"空头政府"，视军政府为无物，对军事及财政多方掣肘，甚至枪杀军政府派出的组织员或民军头目。他指使沈鸿英枪杀潮梅前敌总指挥金国治,解散金的部众,对于大元帅的命令,他拒之不理。

孙中山对莫氏的跋扈专横非常愤慨,1917年11月,密令所属海军驻广州省河(指珠江)舰只做好战斗准备,并令听命帅府各陆上部队俟海军发炮后即起而响应。命朱执信直接指挥驻珠江以南之李福林部队,罗翼群秘密联络在珠江以北之民军司令黄明堂(驻广州白云山郑仙祠)、魏邦平(驻广州东山)、林虎部梁鸿楷营(驻广州燕塘),约期出动进攻莫荣新之督署(在广州越秀山下,即今之中山纪念堂地址)。朱执信奉孙中山之命,直接指挥驻广州珠江以南的李福林部队首先发起攻击。后因所用炮弹为旧炮弹且炸药受潮,轰而不响,行动流产。

1918年初,孙中山决定再次炮击莫荣新,其时援闽粤军已成立。他先后同海军总长程璧光、同安舰长温树德、豫章舰长吴之馨商讨,准备调遣军舰,惩治莫荣新。他命朱执信负责指挥陆上军队,许崇智、罗翼群协助陈炯明响应举事。由于准备期间联络运动各部队范围较广,计划事先泄漏。尽管如此,孙中山还是态度坚决,详细部署。具体步骤是:他亲自督率同安舰开航,豫章舰跟进,抵中流砥柱炮台后,即停航发炮。肇军在听到炮声后,立刻出动,包围督军署,缴纳桂军枪械,捕捉莫荣新。朱执信率福军渡江策应,并事先调福军两连及炮两门以便响应。当朱执信与孙中山商定决策的时候,部分同志表示反对,劝说朱执信放弃计划,朱执信义无反顾地回答:"孙中山是党魁,愿为党死;我是党员,愿随党魁死,其他利害在所不计。"

1月2日深夜,听到同安舰炮声后,朱执信迅速率福军出动。但奇怪的是,桂军方面无一枪还击,原来莫荣新早已得到密报,曾集合其谋臣策士商量对策,莫的参谋长郭椿力主不予还击,理由为:"还击则彼众我寡(时在广州桂军不过四五千人,而滇军及粤军共15000多人),绝无胜算,不还击,人将谓曲在中山,彼将更成孤立",莫荣新遂采取不理睬政策。再加上陆军方面，李耀汉中途变卦，其所部未动，李福林所部担心孤掌难鸣，遂请求中止行动。万般无奈下，朱执信只好命令福军停止出动，接着赶往中流砥柱，向孙中山详细汇报了情况。鉴此，孙中山立刻命令温树德停止发炮，率舰回帅府。第二次炮击莫荣新又告失败。

炮击莫荣新虽然失败，却震动了整个广州。于是，朱执信等人的安危便成了问题。许多人劝朱执信趁早离去，以防不测。而朱执信却不以为然，他不但没有出走，转而从事暗杀活动。他认为，滇军对护法态度动摇的关键在于滇军第四师师长方声涛与唐继尧沆瀣一气，只有锄掉方声涛，才有利于护法。于是，物色了罗立志、张民达、李汉斌等勇士，准备刺杀方声涛。朱执信事先向罗立志讲明了目的，并将方声涛的照片转交张民达、李汉斌等。李汉斌等按朱执信的要求，在某日方声涛乘轿道经小东门时，借机从轿后连发三弹，击中了方的颈部。

此次行动虽击伤方声涛，但未致命。朱执信与罗翼群商量，希望重新组织一批干部，候命而动。据后人回忆指出，朱执信觉得，海军总长程璧光曾接受陆荣廷的电邀，同陆进行会谈，反对炮击莫荣新，且主张惩治同安舰长温树德、豫章舰舰长吴芝馨，应受到惩处。他亲自向罗立志、张民达布置了枪杀程璧光的任务。这只是后人的回忆，可靠性如何，别无可资佐证。1918年2月26日，程璧光被刺。谁是刺杀程璧光的主谋，无从查证，这自然又成为中国近代史上一桩暗杀事件的无头案。

1918年春，孙中山应日本友人头山满、犬养毅等的邀请，派朱执信为代表东渡日本，详述护法事宜。孙中山在给头山满、加藤等人信中说："敝国最近情形，朱君当能面道其详也。"4月4日朱执信抵日后，发觉日本政府支持段祺瑞的政策并无改变，大为失望。17日，朱执信复电孙中山，说明日人邀请的目的，在于害怕孙中山亲赴福建商谈处置督军办法等事，只是内情仍不得其详，所以才派人去陈述。在日本期间，朱执信还努力寻求日本友人对护法军政府的支持,做了大量工作。

5月4日,孙中山在陆荣廷、唐继尧等人的迫使下,辞去军政府大元帅职。他深刻地总结了护法运动的教训,尖锐地指出:"顾吾国之大患,莫大于武人之争雄,南与北如一丘之貉。虽号称护法之省,亦莫肯俯首于法律及民意之下。"21日,孙中山离开广州前往日本。6月,朱执信在神户欢迎孙中山,详细谈论了局势。不久两人一同返回上海。

孙中山等人揭举的护法旗帜,旨在打击北京政府的伪共和和恢复《临时约法》、国会,维护主权在民。在这场斗争中,朱执信密切协助孙中山,先后策划筹建援闽粤军、炮击莫荣新等革命活动,促进了护法运动的开展。但护法运动采取的是联合军阀反对军阀的斗争方式,只是为维护旧的约法和国会,没有新的政治纲领,发动群众不充分,又因军阀之间各怀鬼胎,难有统一的主张和行动。孙中山、朱执信等人的护法决心,捍卫共和的意志虽给国人巨大精神鼓舞,但在内外困境的制约下,护法运动虎头蛇尾,有声势没有实际,这个依靠军阀反军阀的运动注定其受挫的结局。

基于当时护法运动受挫的现实,朱执信于1918年10月10日,中华民国七周年纪念日,于上海《民国日报》发表《死者已矣》一文,对于为民国和维护约法而牺牲的同志寄托无限哀思,并鼓舞国民为民国的事业要继续奋斗。他感慨地说:

> 民国之生七年,不但于未生之先,费若干人之生命以浇培灌溉之,且于既生以后,犹日以至高贵清纯之血供其养育,此殆亦无可奈何之事耶。而乐为民国死者,虽其既死以后,犹不敢信民国之果能生也。民国之罪欤?死者之罪欤?抑未死者之罪欤?然而,死者已矣!

他希望生者应继承死者的精神，期望国民起来为捍卫民国之事业继续奋斗。

五、协助援闽粤军建设漳州

1917年10月，第二次南北战争在湖南战场呈胶着状态，北洋军阀又派兵从福建进攻潮汕，广东告急。孙中山派人同广东省长朱庆澜商量，要他拨出省长亲军20营，由陈炯明率领开赴福建。朱庆澜在辛亥革命时曾以陆军统制官在四川反正有功，被举为四川军政府副都督，1916年被黎元洪任命为广东省长，就任一年多来，在桂系军阀掣肘下不能有所作为，他很快答应了孙中山的要求，从40营省长亲军拨出一半交给陈炯明，并委派陈炯明为省长亲军司令。援闽粤军总司令部设在广州市越秀南路惠州会馆（即今天中华全国总工会旧址纪念馆），原20营分别改编为若干支队，每支队辖三四营至少二营不等。支队番号建制人选为：第一支队司令李炳荣，辖3营；第二支队司令许崇智，副司令关国雄，辖4营；第三支队司令罗绍雄，辖3营；第四支队司令邓本殷，辖3营；第五支队司令洪兆麟，辖3营；预备队司令熊略，辖2营；游击司令徐连胜，辖2营。

12月3日，孙中山予以援闽粤军的名义，命令陈炯明率部队立即开赴潮汕，并派许崇智、邓铿等主要军事干部相助。1918年1月15日，孙中山勉励援闽粤军将士，要力挽狂澜，发扬士气，战无不胜，立志再造共和。1月25日，陈炯明发表援闽粤军出师通电，胡汉民代表孙中山送行。2月13日，孙中山致电敦促陈炯明攻闽，至8月上旬，援闽粤军进入福建境内，先后占领龙岩、漳州、汀州等地。8月31日，援闽粤军设立司令部于福建漳州，陈炯明扩充军力至108营。

孙中山对援闽粤军十分重视，虽然自己处于窘困万端之中，但仍按月筹饷6万元。援闽粤军英勇作战，经过10个多月的奋战，打败福建督军李厚基，占领闽西南26个县，建立了闽南护法区根据地。

此外，孙中山还派遣朱执信、戴季陶、廖仲恺、胡汉民、邹鲁等人常常往来于上海和漳州之间，与陈炯明、邓铿、许崇智等人"讨论学问，注意新思潮之发展"，协助训练援闽粤军和建设漳州的社会文化事业。居正、吴稚晖、汪精卫、陈嘉庚等人也曾到漳州访问或演讲。朱执信还经常向漳州学生和士兵进行革命宣传，希冀以闽南作为复兴国民党的基地，建议在漳州"多多招致新文化运动中坚分子，刷新教育，编印书报，改变社会风气，提高民众知识"，然后在漳州建立一个健全的共和独立自治区。

1918年12月底，朱执信离开漳州，返广州解决粤桂双方的冲突。在朱执信走后不久，邓铿、洪兆麟、黄大伟致函孙中山恳请朱执信再回漳州，信中说："执信兄为吾党之健者，竞公（按，即陈炯明）有许多要事非借执信兄之力，始能解决。不料执信兄突于昨日离开漳州。据云将往广东，（邓）铿等力留无效，务祈先生专函执信兄，催其复来漳州赞助为要。"该函言辞情真意切，从侧面彰显了朱执信在援闽粤军中的地位和威望。

1919年12月1日，陈炯明等粤军在漳州创刊《闽星》半周刊，其宗旨是"以福建为圆心的起点，做新文化运动"。陈炯明在发刊词中说，刊行《闽星》，以"介绍世界新潮，阐明吾党主义，帮同社会上同志，为新文化的运动，即为思想界的改造，使人人都随着我们在进化线上走去，知道世界的演进"，《闽星》侧重讨论学理，介绍各种学说。朱执信先后在《闽星》上发表了《社会与忏悔》、《杂感》、《改革者的双重义务》等文章。他说："以行动得罪社会者，要以相当之行动补过。"赞成帝制的罪恶不是以言论为范围，自然不能以一篇文章算做责任已尽，只能看他将来的行动。"在这个社会里头，如果真能忏悔，须从牺牲了一切财产、地位、势力，重新奋斗入手，不能这样做的，我们还是不要相信他"。朱执信说,每个改革者都要对过去的社会尽义务,也要为新社会尽义务。"从来改革社会,都是少数人做出来的;等到多数的人,都了解了这一种改革的必要,实行起来的时候,已经是改革成功的时候了。到了这个时候,又有第二个改革要来了;又有新的改革社会的少数人出现了,社会的进化,是一定如此的。不甘做改革的人,不甘做附和人的人,一定要负这两重的义务"。

此外,朱执信等还协助陈炯明建设漳州公园、图书馆,拓展街市,修筑马路,整顿治安等事宜,并派遣83名学生分别赴英、法、美、日等国留学。在陈炯明和朱执信等人的共同努力下,漳州地区的建设,成绩显著,1920年5月1日的《北京大学学生周刊》将漳州誉为"闽南的俄罗斯","共产时代当亦不过如此"。1920年12月,共产国际的机关刊物《共产国际》刊文称赞漳州"是中国南部革命的中心","是中国革命青年和社会主义者的朝圣地"。连德国报纸也赞誉漳州是东方一颗明星,正在放出光芒。

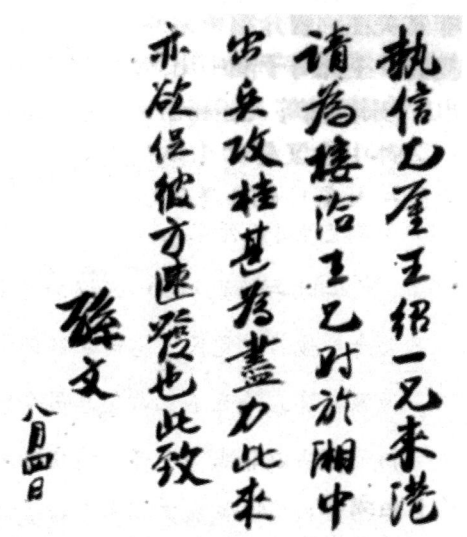

1920年8月4日,孙中山致朱执信函。

六、策划援闽粤军回粤

孙中山、朱执信等人为了反对军阀的统治,完成民主共和的伟业,策划援闽粤军回粤,驱逐桂系,夺取广东,以此作为革命的策源地,筹划和指挥全国的革命运动。

1919年2月20日南北议和在上海举行。南方军政府代表为唐绍仪,北京政府代表为朱启钤。由于议和有碍日本在华利益、有悖段祺瑞武力统一中国的意图,北京政府只是迫于中外压力才同意议和,对议和毫无诚意。因此,议和注定无果而终。5月,南北议和破裂后,皖系联络国民党,准备反击直系和桂系。6月,皖系闽军李厚基与援闽粤军达成"粤闽划界停战协定"。1920年3月,李烈钧与桂系发生冲突,革命党人认为这正是援闽粤军回粤的大好之机。4月上旬,当朱执信知道李厚基及其代表臧致平愿意协助援闽粤军的消息后,立即和邓铿赴厦门,直接同臧致平商谈。14日,朱执信致函孙中山,详述了会谈的情况:

> 臧乃言六八弹须待段,七九、六五弹仍须待李复基电,机枪及炮则无(但允求之段),其交付时日及地点均不能置答。而借兵一节,则以竞(指陈炯明)意须将拨来之兵改粤军号,归竞指挥,故臧亦不允,于是交涉并无结果。
>
> 其时李厚基又派一咨议余筹来,言愿极力帮助。及细问其所讲帮助者,彼乃言觉民言总司令欲回潮州,李督自然于交战后缺子弹时,源源接济,并且不止希望总司令回潮州,实希望其回广州。其时竞存与仲元告以非先得子弹不能发动之意。筹言如此则前后说话不相符,恐难取信,又无结果而去。现竞存拟派仲元、汝为(即许崇智)往福

州，与李商量，将吾人所能牺牲者尽数说明，彼所能助者于何时期何地能交付若干，亦一订定。（罗刚编著：《中华民国国父实录》，台北，罗刚先生三民主义奖学金基金会1988年，第3588页）

陈炯明起初态度并不明朗，1920年春，当滇系、桂系军阀发生冲突时，孙中山敦促他出兵东江，进攻广州，但陈却借口弹械缺乏，按兵不动。6月29日，朱执信、廖仲恺奉孙中山之命起程前往漳州，催促陈炯明回粤讨桂。陈炯明经许崇智、邓铿再三陈说，乃与福州段系督军李厚基商约，以闽南由李军接防，而李厚基则助陈炯明军费饷糈，由闽回粤。但陈炯明仍遣黄强、金章向桂系及附庸交欢调和。古应芬、廖仲恺屡争无效，朱执信以陈炯明反复无常，即掉头赴沪。7月1日前后，孙中山电告陈炯明已派朱执信赴漳州。7月11日，孙中山又致电陈炯明回粤。7月14日，孙中山又急电陈炯明促起兵回粤。从6月底到7月中，孙中山命令古应芬、朱执信、廖仲恺到漳州两次敦促陈炯明回师，并答应出兵后给予经济上的援助。但陈炯明仍然无动于衷，7月22日，朱执信自香港给孙中山的信中，痛斥："竞存处力量费尽，疲玩如故，此际感情已伤，留亦无益，故决计先求赴沪一陈彼间情况。"

7月28日，孙中山、唐绍仪、伍廷芳、唐继尧等发布宣言，重新继续护法救国。8月11日，桂系军阀莫荣新借直皖大战之名，出兵进攻福建，直指闽南粤军。万般无奈之下，陈炯明于12日正式在漳州公园誓师，以"粤人治粤"为口号，兵分右、中、左三路回师广东讨伐桂系。16日，粤军与桂系开始交战。粤军将士同仇敌忾，士气高昂，势如破竹，相继攻克广东的大埔、蕉岭、梅县、兴宁、黄冈、澄海等地，直逼惠州。8月下旬，莫荣新调遣桂系主力部队重点防守东江，双方在惠阳一带相持不下。

援闽粤军誓师后，朱执信奉孙中山之命，返香港在中环海旁东京旅馆设立办事机构，主持伐桂事宜。同时，还负责讨桂前线指挥部与上海孙中山总部间的联络。孙中山对此事非常关注，曾介绍革命同志给朱执信："王绍一兄来港，请为接洽。王兄对于湘中出兵攻桂甚为尽力，此来亦欲促彼方速发也。"朱执信等人还秘密由美国购来军械，以备攻打虎门。

孙中山又任命朱执信为讨伐桂系莫荣新军总指挥，统一领导广东各地民军及响应的军事力量。朱执信等人立即进行部署，具体分工是：他本人负责策动肇军，胡毅生负责策划魏邦平、李福林两军。在朱执信的推动下，广东各地民军纷纷响应参加讨伐桂系战争，左右夹击，桂系难以应对，败局已定。

第五章
理论创新与思想发展

与时俱进，不断进步

讴歌俄国十月革命

参与"五四"和新文化运动

呼吁兵的改造

重释孙中山三民主义

赞誉马克思主义

一、与时俱进，不断进步

以孙中山为首的革命党人为捍卫共和民主的胜利果实，先后发动和领导了"二次革命"、护国运动和护法运动，与反动势力进行了艰苦卓绝的斗争，然而结果均以失败而告终。孙中山认识到南北军阀皆是护法运动的大敌，西南军阀只不过是借护法之名行割据之实。他慨言："去一满洲之专制，转生出无数强盗之专制，其为毒之烈，较前尤甚。于是而民愈不聊生矣！"

革命党人奋斗的结果是"革命主义未行，革命目的未达，仅有民国之名，而无民国之实"。在这种情况下，孙中山、朱执信等深感失望，因而避居沪上，闭门著述，进行理论创新，希冀以此来启发国民、唤醒社会。在孙中山、朱执信等人的带动下，加之风起云涌的新文化运动风潮的影响，革命党人认识到只有国民才是国家的主人，只有国民的觉醒才能解决政治问题，于是掀起了一股理论探索的新风气，推动新国民运动的开展。

朱执信是民主革命的"勇敢的斗士"，又是与时俱进"时代的智者"。朱执信在历史的转折关头，不仅没有停滞观望，而是跟上潮头，不断进步。他用他的知识将民主革命的各种问题进行研究，产生了新的认识，认清形势，寻求救国救民的新思想，使他具有爱国心，有宽广的视野，有新的理论，也有新的思想。在孙中山的影响下，朱执信认识到旧民主主义革命的历史局限性，开始新的探索，研究俄国十月社会主义革命和马克思主义，从而使他由一个旧民主主义者向新民主主义者转变，并产生向往共产主义的意识。

二、讴歌俄国十月革命

朱执信不仅协助孙中山在上海总结革命的历史经验，探索新的革命道路，协助孙中山处理大量的文案工作，为孙中山撰写《建国方略》做了许多具体和有效的工作，还在1919年3月朱执信代表孙中山再一次赴日本执行任务，向日本友人详细阐述护法的目的和成立护法军政府的重要性，争取日本舆论的支持。同时，朱执信在上海为办好《民国日报》及其副刊《觉悟》、《星期评论》和创办《建设》杂志，在宣传孙中山的《实业计划》等工作中，做出了重大的贡献。

1917年11月7日，俄国爆发了十月革命，建立了世界上第一个无产阶级领导的、工农联盟为基础的社会主义国家。孙中山从邻国的成功看到新的曙光和希望，他真诚地表示欢迎，满腔热情地向社会主义俄国寻找救国真理。十月革命爆发后，革命党人创办的上海《民国日报》不断地登载相关消息，给予十月革命以极高的评价。1918年夏，孙中山致电列宁和苏维埃政府，称"中国革命党对贵国革命党所进行的艰苦斗争，表示十分钦佩，并愿中俄两党团结共同斗争"。8月1日，列宁委托苏俄外交人民委员会委员长齐契林复信给孙中山，感谢孙中山的祝贺，并致以敬意。此后，两人之间常有函电往来，朱执信、廖仲恺、宋庆龄等人分别承担了文稿的起草和翻译工作。

十月革命为中国革命党人带来了希望和信心。为了宣传孙文学说，改变国人的固有思维，提倡新思潮，推进新文化运动，孙中山派朱执信、胡汉民、廖仲恺、戴季陶等理论骨干在上海创办《星期评论》、《建设》等刊物。

《星期评论》系上海《民国日报》的副刊，1919年6月8日创刊，周刊，共出版了53期，每期4开一张，以研究和介绍社会主义，特别是以评介世界和中国的劳工运动获得盛名，戴季陶和沈玄庐任主编。朱执信在《星期评论》上先后发表了《公理是不可分的》、《我们要一种什么样的宪法》、《男子解放就是女子解放》等10余篇文章。俄国十月革命的胜利，加速了朱执信对世界进步力量的同情，他对俄国十月革命在世界的影响，产生浓厚的兴趣。1918年他回到上海后，便以极大的热情研究社会主义革命和苏维埃俄国的有关问题。他还积极学习俄文，准备赴俄国学习。

《建设》创刊于1919年8月1日，月刊，宗旨在于"鼓吹建设之思想，展明建设之原理，冀广传吾党建设之主义，成为国民之常识，使人人知建设为今日之需要，使人人知建设为易行之事功。由是万众一心以赴之，而建设一世界最富强最快乐之国家，为民所有、为民所治、为民所享者"。孙中山任《建设》社社长，胡汉民为总编辑，朱执信、戴季陶等为编辑，发行机构是"建设社"，朱执信还担名"印刷者"。朱执信以扎实的理论功底和丰富的革命经验，坚持原则，严格坚持稿件质量，《建设》很快脱颖而出，被胡适称为"能做研究文章的好杂志"。傅斯年则称"在现在出版物中能仔细研究一个问题，而按部就班的解决它，不落在随便发议论的一种毛病里"，《建设》为唯一刊物。朱执信先后在《建设》上发表了《民意战胜金钱武力》、《神圣不可侵犯与偶像打破》、《倒叙的日俄战争史》、《兵的改造与其心理》等文章20余篇。

朱执信盛赞十月革命，他指出，十月革命是自有民国以来，"最有光明，最能够鼓舞做事的人的兴会"。在他看来，十月革命的胜利首先是思想上的胜利，在俄国与德国的谈判中，俄国虽承认在武力上败于德国，但于"主义上必征服德"。不久，"德国人民果受俄国之影响，不数日而推翻德皇四年来百战不挠之武力"。而思想之所以有此威力，乃是由于人民的意志受其感化的结果。朱执信指出："无论现在吾人赞成俄国过激主义与否，亦不问德国人之为革命，应否与以同情。而以有主义之民意推倒武力，已成为不可隐之事实。"

十月革命胜利后，英、法、日、美等帝国主义国家组成武装部队，进攻俄国，妄图把苏维埃政权扼杀在摇篮之中。然而，英勇的俄国军队连连击败来犯之敌。朱执信高度评价了俄国军队的伟大功绩。在《兵的改造与其心理》一文中，朱执信考察了苏俄反对外国武装与战争的历史后指出，"这三年间，差不多赤卫军是战无不胜"。所有得了外国的援助，没有一个能抵挡住赤卫军的。为什么呢？同样的俄国兵，前后完全不一样，这是因为"有主义和没有主义的分别"。

通过日俄武装斗争与1904年日俄战争的比较，朱执信高度赞扬了俄国军队。他认为，俄国军队此次取得胜利的关键在于俄罗斯人觉悟了。1904年的日俄战争，俄国军队"一步退一步，旅顺、大石桥、辽阳、奉天、四平街，一路要回到西伯利亚去了"。而日本却是"长驱直入，没有什么阻挡"。这次却完全相反，日军"是从西伯利亚西部一路缩回来，这几天，差不多也要离出俄国的境界"。朱执信感慨地说："什么事情都和十七年前相反，这真是一件奇事。"他认为原因在于"俄罗斯人觉悟了，就十分愿意打仗。日本人将近要觉悟了，就十分不愿意打仗了"。俄国赤卫军在夺取政权的年代，英勇战斗，一往无前；在建立革命政权过程中，粉碎了协约国三次大规模的武装干涉，捍卫了十月革命的胜利成果；在革命政权得到巩固以后，又保护人民群众利益，帮助国内经济建设。对此朱执信赞扬说："现在俄国的赤卫军，就是国内劳务阶级的乳母。有了赤卫军的保护，他国里头的种种组织，才可以保持发达。"

朱执信特别强调俄国的兵是既做卫士又做生产。他认为，赤卫军保护国内社会秩序的安定，本身就是生产。如果给生产以极其狭隘的定义，那么"政府也不生产，苏域议员也不生产，大学教授也不生产"，生产的范围要扩大，俄国的兵绝不是不做生产的兵。朱执信诘问：如果俄国把兵当做是不生产的，有思想、有主义的人都只肯做工生产，而不愿当兵，那么，"苏域政府不早已完结了么？这纯粹生产者组织的苏域，想在什么地方站呢？"士兵不卫国，国则不保，士兵不参加生产，也没有自己的立身之地。

朱执信还赞颂赤卫军和农民结成的友谊。他认为军队除作战以外，经常与人民群众在一起，"过和一般农民无异的生活"，农民欢迎兵士，互相亲睦。其他预备兵，家中都有武器，需要的时候，便出征战斗。这种军队"真正是国民皆兵的组织。有这个样子的俄国军队，是世界现今最可怕的军队。别国的军队，万不能抵抗他"。中国军阀统治下的"领饷土匪"无法与这种军队相比。朱执信疾呼：与其临渊羡鱼，不如退而结网。即按照俄国军队的模式，组织和创建中国的新军队，"将来如果实现，我想也不会比俄国这种军队弱到什么地方去"。

尽管当时朱执信对俄国革命和社会主义、共产主义还有些曲解和认识不清的地方，但他高度赞扬列宁的丰功伟绩和忘我工作的革命精神。他认为，列宁是"吃苦辞甘的好人物"。他说：列宁清楚地知道做工的时间不应过多，并且"叫人做工的时候，是很规矩的"。他自己却完全放弃了十小时以下的工作的权利，把十几小时的劳动，当作一种义务。朱执信认为，列宁的这种劳动，是对于过去社会尽义务，对于将来社会尽义务，只有尽这种义务，才能够产出新社会。这一切都表明朱执信在探索俄国十月革命的过程中，开始产生了向苏俄十月革命学习，具有在中国造就一个新的社会制度代替以往旧的社会制度的倾向。

三、参与"五四"和新文化运动

当"五四"前新文化运动发生时，孙中山、朱执信等人真诚地欢迎，并寄予厚望，用实际行动给予支持。孙中山用英文写成《实业计划》，为新中国的建设提供了一个宏伟的蓝图。《实业计划》分六大计划、十项建设，即开放交通、开辟商港、兴建都市、发展水利、振兴工业、发展矿业、发展农业、兴修水利、营造森林、移民实边。其目的在于"欲利用战时宏大规模之机器，及完全组织之人工，以助长中国实业之发达，而在我国民一突飞之进步；且以助各国战后工人问题之解决"。朱执信将《实业计划》的大部分稿件译成中文。

朱执信亲自参与了新文化运动。他如是说："我在上海住了这半年，刚碰着新思潮和旧形式作对的时代，我自己固然不免发了一点议论，并且对于另一个的议论也很留心。"他除了受孙中山委派参与创办《星期评论》《建设》杂志外，还多次与孙中山、戴季陶等人讨论新文化运动的问题，与北大学生罗家伦、张国焘等人交换对时局的意见。

朱执信充分肯定新文化运动，他认为，"一切事实，皆应于人生进化之道程以为评价。故昨日所是者，今日不免以为非，无所谓永远。于彼是者，于此为非，无所谓绝对"，"没有永远秩序，所以世界有进化，有革命，有改造"。新文化运动，对于破坏旧文化、旧道德、旧观念、旧风俗，是完全必要的，民主与科学要大力倡导。他高度评价《新青年》等进步书刊，指出它们"没有诈伪，没有荒唐"，都是注重科学的好杂志，是应该取法的。

朱执信反对旧文学，赞成新文学。他认为"吾辈所用之古文，始终为少数传习者圈内跛行，使用之一种工具，谓之死语"。旧文学之所以为贵族文学，是因为"钻索斧藻古语"，不过是"二三同好趣味玩赏之文"，此种"不适用于多数人之工具，必有自然淘汰"。作文章应拿现代口语来做基础，避去古典。只有这样，方能把贵族文学变成平民的文学，把机械文学变做自然文学。

朱执信主张用白话文作文章。他说，用白话文作文，才能"传达真意思，现出真感情指示真事实"，"白话文之用途，尤要在宣明学说一方面"，在这方面"文话是比不上的"。他把白话的好处归结为两点：（1）在艺术上有自然的好处；（2）在应用上有明白的好处。他还身体力行，一改先前文辞艰涩难懂之习惯，多用通俗易懂之白话写作。朱秩如后来回忆说：

"近数年来，编译《建设》杂志多用白话驱文字，以为知识之普及，亦其启钥民智之苦心也。"有人写信问朱执信，既然主张用白话文，何以有时仍不放弃文言呢？他回信说："所以主用白话文，以其渐近自然也。"所以自不多用白话为文，是因为有少数人唯操粤话，"其以普通语为文之不自然，犹之文言，抑又过之"。所以他更进一步，主张用各地的方言写文章，比流行的白话文更为自然，更为便利。

朱执信注重科学，反对宗教迷信。他认为新文化运动，如果不加以科学精神，恐要变做魏晋的清谈。他强调，今后思想家应该注重科学的方法、科学的组织，以培养科学精神。只有人们培养起科学的精神，才能打破心中神圣不可侵犯的偶像。他认为"最近于神圣不可侵，宜莫如科学。科学之效用，可以垂之久远，可以普适于现所知之世界"。"吾人能安心以信科学，而不能安心以信宗教"。

1918年12月22日《每周评论》创刊于北京，陈独秀任主编。自第26期起由胡适任主编。1919年8月31日被北洋政府查禁，共出版37期。该刊旨在"主张公理，反对强权"，内容侧重时事评述、文学创作和文艺批评等。该刊是"五四"时期新文学运动的旗帜，在国内文坛有广泛的影响。胡适于1919年7月20日在《每周评论》第31期上发表了《多研究些问题，少谈些主义》一文，指出，现在舆论界的大危险，就是偏向纸上的学说，不去实地考察中国今日的社会需要究竟是什么东西。对于胡氏的论断，朱执信认为，胡的这一主张虽然有利于针砭中国思想界存在的空谈的弊病，但如果不谈主义，"逐个问题没有一定的主张，那所谓自决的怎样解决法，也是空洞洞的"，其实不论谈主义，专谈问题，都是一样的不全面。因为研究问题，"自然也研究到一个主义上来，没有可以逃得过的"。他认为"现在的人何尝不谈问题，不过谈的并不是研究，只是一个空谈罢了"。

针对思想界存在的崇空谈、轻实行的现象，朱执信予以严厉批评。他认为这既耗费了宝贵的时间，又妨碍了正常的工作，"讲一万遍，也没有效果"。他说"大家拿着重要的主义去粉饰那些无聊的议论，如果这种象征的行动也可以救济社会，那和尚念经，也可以超度死人了。照我看这种人哪里是提倡主义、实行主义的人，不过自己弄一个名声，耽误人罢了"。

朱执信高度赞扬了学生在"五四"运动中的作用。1919年5月，当北京大学学生为抗议巴黎和会关于山东问题的决议和北京当局对学生运动的镇压，先后几次总罢课活动之后不久，朱执信在7月就写下了《学生今后之态度》一文。针对有人所主张的学生罢课影响学习、不能有益国家的认识，朱执信认为，求学固然是救国的手段，但却不是唯一的手段，而且求学本来即为救国。学校是否能传授救国的学问，也是问题。他还说："这一年间，差不多都觉得学生在社会上，是很有力量的，有什么事情，要等着学生说话出主意了。"爱国运动蕴藏着巨大的社会力量，"政府即用金钱亦无从买收，即用武力亦无从压服，即借外国之金钱武力亦无所施其技"，这都是"为民意战胜金钱武力之一证"。爱国学生理应是最受爱戴和敬佩的人，虽"今日之认识学生真正价值者，仅在都市少数之人。将来当使农村僻野之人民，亦崇仰学生不已"。

"五四"运动中，有人认为学生应照常上课，不能上街游行耽误学业，朱执信对此不完全赞成。他指出了学生运动与爱国的关系，"学生，本一国民也"。而国民则应当尽力于有益国家社会之事，"应指导政府，而不应受政府指导"。但是，目前"国民不勇于发表其意见，不绝于实行其主张"，"言者既少，行者尤稀"。于是，"学生以其国民之资格，故于人之未醒觉"，"为之唤起言论，为之率先实行"，实为不得已的事情。在社会中，有人主张"以学生为在学校中不宜与国家之事者，非也"。学生"万不可忘其出为救国之行动"，"学生之资格，可以牺牲，国民之资格，不可以牺牲也"。

青年学生在"五四"运动期间确实起了先锋队的作用，朱执信在赞扬他们的同时，也希望他们与工农结合。他认为，"五四"爱国运动，"不是少数有知识的人专做的"，"一定要通于各阶级各地方才有效力"，"要运动乡下人爱国才有用"。如果"学生眼睛里只看见学生"，爱国运动局限在"一地方一阶级"中，"离了农工的帮助"，那么，学生界便"没有真正的力量"。青年学生应警戒两件事，一是要打破校友的小圈子界限，这样才会大有好处，不会自限于人；二是希望在打破传统的偶像以后，要保持清醒的头脑，切勿导入到另一种偶像中去。

工人阶级在"五四"运动期间以独立的姿态登上政治舞台，在运动后期起了积极的作用。朱执信对此非常赞许，他认为"近来罢工的成绩，总算比较别种实在一点"。"群众运动的效果，是已经看见的了"。因此他强调，人们必须觉醒，反对旧的，促进新的，做新文化运动的拥护者、促进者。1919年7月，朱执信在给蒋介石的信中说："弟现在视察中国情形，以为非从思想上谋改革不可，故决心以此后力量全从事于思想上之革新，不欲更涉足军事界。"

四、呼吁兵的改造

在十月革命和"五四"运动的影响下，以孙中山为首的革命党人常常在一起讨论改造社会、建设新中国的问题。其中，朱执信的观点鲜明，他认为革命的目标是推倒不良之社会制度，建立一个更好的社会秩序。社会问题尽管千头万绪，但是解决问题的第一步在于兵的改造。

朱执信认为，"旧的势力终归要失败，反动的现象总不能持久"。"观察中国情形，以为非从思想上谋改革不可"。这种改革，绝非局部和枝节，而是要全部改造。革命的目标是推倒反动政府，建立一个"令人民一般的生存和享乐，更有内容、更加向上"的好秩序。他说："现在这个阶级战争的状况，资本制度也不能长久了，还有别种秩序要起来了。却是破坏了一个秩序，总要另外建立的。建立了一个秩序，将来总要重新破坏的。换一句说，秩序是永远有的，永远的秩序是没有的。永远有秩序，所以革命是改造，不是毁灭。没有永远秩序，所以世界有进化，有革命，有改造。"

至于具体改造中国的步骤，朱执信主张先从一部分做起。教育界和工业界对改造社会比较有实力，但这两方面都面临着"钱和钱背后的兵"的困扰。在朱执信看来，"越有钱越办不出事体来"，"用钱来做改革的事业到底没有效果"。因此，改造社会的问题便归结到"兵一方面去"。

朱执信认真分析了中国的军队，认为它与俄国的军队相差甚远。中国军队中弊病丛生："讲到上级官，只有说一声可怜。民国以来，光是陆军上将也有一百几十人，中将有一千内外，少将有几千个。如果要一个个都照阶级补起官来，那中国军队，大概足有一千师。这种现状，叫外国人听了，只有笑死。那几千个上级军官，实在能够有军职的不过十分之一二。其余的就在那里鬼混，不是想拉这一个的兵，就要请示那一个准他招几百名土匪。这些人，起码当司令。稍为有点气派的，还要加上总字。实在都叫作战不能，守不可的，一无用处。"

鉴于上述情况，朱执信提出建设理想的军队的观点，使军队成为改造社会的力量。改造社会非从改造士兵入手不可，改造士兵则必须从研究如何可以改变士兵的生活做起。

朱执信一改过去那种靠师生关系、同乡关系维系军队的传统做法，强调主义对兵的改造的重要性。他认为主义是人生所以能够成为有意义的原因。不堪一战的士兵如果接受了主义，便立刻可用，反之，则萎靡无用。因此，要使军队能够打胜仗，最好令士兵成为有主义的兵。如何使士兵信仰主义呢？朱执信认为："一定要从他们的生活上头，逼到他自己觉悟，借着说话，借着文章来提醒他，那才可以成为有主义的人。"这就是说，一定要把这种主义与士兵的生活有机地结合起来,并向其讲明只有这种主义,才可以免除痛苦。他说,只要这样向士兵输入主义,就没有不动心的士兵。朱执信的所谓"主义",即是新的思想,也就是孙中山为民主革命确立的"民族、民权、民生"的三民主义。但"五四"以后的三民主义是含有新的内容,即反对帝国主义支持军阀内战,实现国家独立,采用联俄、联共、扶助农工政策,合力举行国民革命,实现社会民主和国家富强。

朱执信以俄国士兵为例,说明没有主义的兵和有主义的兵的战斗力,相差甚远。从前俄国和德国打仗,所有兵都不堪打,一打就败下来,"这三年间,差不多赤卫军是战无不胜"。之所以如此,"是由注入主义于各人头脑之中"的缘故。因此,朱执信强调,要改造中国军队,首要的事情就是"弄出一种能有主义的、有希望的、非依赖的、不突然过劳的、精神上平等的生活来改变兵的心理,完成兵的改造"。继而再拿兵来解决各种问题。朱执信希望"创造一种劳动军",把寓兵于匪的制度改做寓兵于工。

通过对俄国赤卫军的分析,朱执信指出工人出身的士兵最具战斗力。

朱执信像。广州博物馆藏品。

他认为，俄国赤卫军多是工人出身，将来退伍，仍须回去做工，所以"感觉工人的利害最深，才肯牺牲生命为主义而战"。在中国，对社会程度的了解，工人比农民更深。因此，肯替主义拼命的人还是要向工人方面去找。来自工人的士兵，"才可以拿来做改造社会的资本"。针对中国士兵不是来自工人的现状，朱执信提出化兵为工的设想。首先开除没有做工的能力的人，其次是开除没有做工的意思的人，然后将剩余的兵卒分成熟练工人和普通工人两大类。熟练工人可以做"相当的事业"，普通人经过短期训练，即可以成为一个普通工人。接着，选择一个理想而有远景发展的地区兴建工厂，整顿交通，改良土地等，让原来当兵的人，现在又兼做工人，有工做又有工资领。这样士兵有了工作，生活就会安定，也就没有苟安的心理了。

朱执信根据俄国的《赤劳动军法典》，同时参照欧洲和日本的有关兵役制度，结合中国的实际情况，提出了一种新的兵役制度，即：16岁起，做几成的工。18岁起，做完全的8小时工作。20岁起，当兵兼做工。23岁，3年兵役满，算做预备兵，做完全的工作。35岁起，算做后备兵，做完全的工作。45岁起，免除兵役义务，做完全的工作。50岁起，免除工作义务，受公众供给生活费用。在士兵做工的时候，"凡主要工场的管理权，都要叫工人参与"。这些做工的士兵，不是隶属、倚赖的人，而是自治、独立的人。现在军队的长官，一是要削减其饷，二是将来退伍仍旧算一个工人。而现在做工的士兵尽管受长官的指挥，但他们有技术，可以做专门家。在共产主义社会实现之后，无论是官兵，还是工人等，都是按需供给。如有适当的机会，发挥他的特长。他们便可以为国家做贡献。

朱执信主张寓兵于工，但并不否定寓兵于农。他认为"中国农业地区的情形，不很适当"。而等到兵的改造完成之后，"当然可在全国里头，另外做一个普通的计划，断不能把农人排除在兵役以外的，只是斟酌他农事的季节所宜，另外定一个时期来教练"。

在建设理想军队、进行兵的改造的基础上，朱执信还主张建设理想地区。这个理想地区，就是依靠理想军队，按照计划，把一个地区改造成为一个能够发展经济，有充足粮饷可供给军队开支，实现寓兵于工。他说："假如我拿下一个独立团或独立营的军队，驻守在一定的区域。这个区域里头，有相当的近代工业可以发展，有能够供给这一个团营的饷项的力量，而且得了特别委任，有改革这个地方经济上政治上组织的权能，我们可以着手于这寓兵于工的建设了。"

朱执信所说的理想地区，经济上，要振兴实业，开办工厂，规划交通，发达农业，改良土壤，采用先进技术和设备进行生产，使人人有工做，有饭吃。政治上，要由改革者组成一个有自治全权的理想政府，建立产业的自治，工人有参与企业的管理权，工人兵卒还可以公民的资格决定理想军队的任务和待遇，决定战争的目的，宣战媾和的大权等。

为了保障士兵安心生产和打仗，朱执信还设计了一系列社会保障措施。（1）伤病的救济治疗，设免费的医院，对废疾者，则实行公养制度；（2）老人的扶养，对曾经做过兵、做过工的50岁以上的老人，由社会扶养，除对其提供衣食住等必要的生活资料外，还应对其提供用于娱乐的享受资料，对那些丧失自理能力的老人，则设立养老院，由专人照料；（3）孕妇产妇的抚养，妇女生孩子，给产假16个星期，在产假内的生活费用，由社会供给；（4）儿童的抚养教育，兵卒工人的儿女，出生后的养育费用和教育费用由社会共同负担。

朱执信相信，只要"在理想地区里头，能够先行了这几种，就可以令兵卒的生活，成为有希望的生活"。这些士兵作战打仗，就会像防卫自己的财产一样，甚至还会更努力。"他自己只管死了、伤了、成了废疾，他所希望的东西，还是一样实现"。于是，这个理想地区便成了士兵"歌于斯，哭于斯"的家乡，"有猛虎无苛政"的乐土。从而真正实现了"人不独亲其亲，不独子其子,使老有所终,壮有所用,幼有所长,矜寡孤独废疾者皆有所养"的大同社会。如果这种做法推广全国,用不了几年,就可以实现全社会的改造。

除了创新理论以外,以孙中山为首的革命党人还认为,要想真正学到俄国的革命经验和革命理论,必须亲临其境,零距离接触,做深入的调查研究。孙中山拟派朱执信、廖仲恺、李章达等人赴俄国学习。鉴于他们不懂俄语,孙中山在上海开办俄语学习班,聘请俄语教师任教。参加学习的人,除朱、廖、李外,还有陈璧君、查光佛、刘纪文等。据何香凝回忆,在学习俄文的诸同志中,唯有朱执信学习比较刻苦认真,"不多几月,已能将俄文和人通信"。后来由于种种原因,朱执信等人迟迟不能启程。不过,朱执信去俄国的决心已定,他在给亲友的信中多次提起这件事情。1920年8月,朱执信回粤策划反对桂系军阀斗争时,仍希望以后可以到俄国去,这足说明他对当时俄国的向往。不幸的是,9月21日,朱执信在运动虎门民军过程中,遇难牺牲,他的夙愿最终未能实现,抱憾终生。

五、重释孙中山三民主义

孙中山的三民主义是革命党人在进行反清革命斗争中共同制订的革命理论,也是革命的纲领和目标。经过辛亥革命以及"二次革命",终使革命党人认识到孙中山的三民主义,在宣传和实行上都存在许多问题,如果不与时俱进对三民主义作新的重释,势必失去其思想的光辉,影响未来的国家建设。所以,在十月革命和"五四"爱国运动的影响下,朱执信对孙中山提倡的三民主义有了新的认识,作了新的解释,赋予了新的内容。

1. 民族主义

在新的时期，朱执信对民族主义赋予了新的含义。他认识到，帝国主义以侵略为目的，只有反对帝国主义，才能取得民族的真正独立。故他对外提倡民族平等和社会平等，对内实行民族自决，实现汉、满、蒙、回、藏五族共和。这些认识，较《民报》时期有了长足的发展，与同时期其他革命党人的认识比较，也比较深刻、全面。

1914年爆发的第一次世界大战，是帝国主义国家之间为瓜分世界而展开的一场争夺战。1917年2月，北京政府为了获得美国政府的支持，对德国提出严正抗议，3月与德绝交。中国要不要对德参战，一时成为全国舆论的中心。为使人民了解参战问题的实质和危害，朱执信受孙中山的嘱托，撰述《中国存亡问题》一书，讲明参战的危害。此外，朱执信先后又写了《国家主义之发生及其变态》、《伯达铁路（按伯达，今译巴格达。伯达铁路自土耳其之君士坦丁堡，以迄于巴格达）之过去及将来》、《朝鲜代表在和会之请愿》、《侵害主权与人道主义》、《英国与波斯之新协约》等一批文章，他以敏锐眼光，语言犀利，指斥帝国主义为了私利大打出手，造成人类的灾难。

第一，揭露帝国主义的本质，激励国人觉醒

朱执信指出，西方列强通过军国主义发展为帝国主义，军国主义和帝国主义的基础不同，但都是侵略主义。军国主义的国家基础，强调的是武力。"其他文化上、经济上之发达，完全遗弃不顾"。而帝国主义，以本国国民为基础，推其权力于别的国家国民之上，"以一国民统一无数国民。故其主义为不容并立之主义，为必然侵略之主义"。军国主义注重经略武器装备，以武力强行侵略，将被侵略国家置于其军事控制之下；而帝国主义则从政治、经济等方面侵略，广泛开辟殖民地，对内压迫、剥削，对外侵略、扩张。两者都是以侵略压迫其他民族为目的的侵略主义。国家主义主张以民族为基础，结合各个受他民族之压迫的民族，为争取生存而共同奋斗。因此提倡国家主义，就必须反对军国主义和帝国主义。

基于以上认识，朱执信指出，英美等帝国主义国家，虽标榜自由、民主、平等、博爱，但均为欺人之谈，"欧美之人，言公道、言正谊者，皆以白种为范围，未尝及我黄人也；美为平等自由之国，亦即为最先倡言排斥黄种之国"。无论是德国、英国、法国还是俄国，都是一丘之貉，都是有强权无公理。英国侵占香港，俄国吞并满洲及外蒙，铁证如山，不容抗辩。所谓公理人道"皆不过借为门面语，并不实心信奉。所以三数语后，仍旧露出利害之辞"。

帝国主义的侵略和扩张，给人们带来了深重的灾难。第一次世界大战期间，欧洲各国忙于战争，所以人力、资本缺乏，工人不得不制造军工产品。战争不仅使本国的人民遭受很大的损失，而且严重地破坏了外国的经济，使千百万无辜的人受伤，数百万人丧生。帝国主义是世界不能安宁的根源。因此，朱执信认为，对于这场战争，中国决不可以参加，如果参加，中国终将灭亡。参战与否，实关中国存亡。

朱执信还揭露了帝国主义口实不一的骗人把戏。他指出："那侵略别人的，口里说是为国民经济的必要，为国中大多数的幸福，国里头人太多了，不去侵略，没有法子养他。"所以，"从来侵略者未有肯承认其为侵略者也"。他们必然打着什么所谓传授文明，开发地下资源，使被援国家富强等旗号以欺骗人民。朱执信诘问："此种议论，欧洲人时时倡之，时时实行之，至其结果，世界人类有益几何，未可知也。其土著民族有益乎，抑有损乎，亦不可知也。"

第二，同情和支持被压迫民族的解放斗争

1919年4月，当得知中国外交在巴黎和会上失败，朱执信愤怒地痛斥帝国主义的侵略行径："当和会之议山东问题也，日人主占有，中国人主交还，而欧洲诸强国则有主张委任统治者。今此问题既照日本所主张在和会决定，则委任统治自不成问题。"胶州本为中国的领土，无论如何，不能强迫中国同意委任统治，更不能强迫中国同意日本占有。这是不容置疑、不容讨论的问题。

朱执信分析了波斯和朝鲜的困境。他认为，在第一次世界大战中，波斯名为一独立国，而实际并非如此，它只是由于英俄两国的斗争，暂时得到安宁。到英俄协商签订后，仅得"保有中部一线，为中立地带"。波斯的独立，受着英俄双方的牵制。"故波斯向来之独立，非以其能独立故独立也。但以其独立于欧洲列强为例，故人使之独立耳"。这种独立，将会随着帝国主义间势力的不平衡而失去意义，"俄国势力绌之日，即均势破，而波斯独立之意义消亡矣。自今以往，波斯之独立与保全，恐终不免有变更其本来意义之一日"。朱执信强调说：波斯想得到法国的帮助，以对抗英国的势力，只能是妄想。无论是英国，还是法国，侵略本质都是一脉相承，"外交只有利害之同异，决无感情之向背"。朱执信指出，波斯"不特乞助于法为无益，即依赖他国，亦同为不可"。原因在于帝国主义都是为了扩张、侵略。然而帝国主义的侵略，将使波斯人民奋起反抗。朱执信对波斯人民寄予同情和希望，他坚信"波斯之民族，必为不可磨灭之亚洲一民族，则吾所敢信也"。

对于朝鲜在巴黎和会上的要求，朱执信也给以极大的关注。他认为，朝鲜要求脱离日本的殖民统治，争取建立一独立国家的主张，是正义的，这种主张"不特耸动世界耳目，兼与东方受侮民族，以最大之刺激教训，实为一重要事实"。日本对于朝鲜人的迫害，"皆有其事实，毫无过溢之词"。日本的残酷统治，实为朝鲜大祸，为东亚不安之源。"日本以其资本的掠夺，施之朝鲜，尔后朝鲜人之反抗力，有其根源，朝鲜人之结合力，亦从此而大矣"。日本的侵略,只能使朝鲜人产生反抗侵略的意志,朝鲜革命是必然的,将朝鲜人民组织起来,争取民族独立,这是朝鲜民族的重大任务。

对于朝鲜独立运动的意义,朱执信认为,不仅在于它反抗日本的压迫,而且在于它"有打破亚东资本阶级统治之意味"。朝鲜独立运动,不仅仅为朝鲜一国之事,实为世界革命的一部分,兼具民族自决和反对资本阶级压制的双重意义。日本对朝鲜的吞并,从而使英美皆对朝鲜表示同情,但这与其本身利害相联系。朱执信对英美的同情表示怀疑,他说:"英国自不能解决爱尔兰问题,又何以能使日本解决朝鲜问题?美国不能助一独立国以抗一独立国,又岂能助一被征服国以抗一征服国?"

朱执信预言,随着帝国主义侵略接踵而来的便是被压迫民族的觉醒和反侵略运动的兴起,帝国主义必然走向灭亡,已经为时不远了,"二十世纪,一民族中之少数人,尚欲倚其与之反对之劳农所组成之武力为后援,以拥护其握有他民族奴隶使之之特权,真犹燕巢幕上,决无长久理矣"。

第三,提出世界民族平等和人类社会平等的主张

在《国家主义之发生及其变态》一文中,朱执信将人类社会的利益范围区分为个人主义、国家主义、全人类社会三种形式。他指出:"以国家主义为手段,故只对于个人主义,认国家主义之优越,而对于全人类社会之事实,国家主义当有所退让。"

显然,在朱执信看来,三者关系中,国家主义利益高于个人利益,而人类社会利益则又高于国家主义利益。不同国家、不同民族一律平等,"以国家不为人类之最终生活形式,故对于本国以外之人民,以同在人类社会之故,不能不认其有同等之权。因之,于以此种人民为分子而组成之国家,亦不能不认其有与我国家同等之权"。朱执信强调,民族平等不分国家大小、强弱,尤其要保障弱国在国际事务中的平等权利。世界上任何民族都有独立和自治的权利,既不能侵略别人,也反抗别人侵略。民族平等是处理世

界各民族关系和各个国家间的唯一准则,所以,提倡民族平等的国家主义不是永久的生活标准,"世界国家发达至一定之程度,当然不必要国家主义之提倡"。到了那个时候,为了全人类的利益,任何国家都必须牺牲国家主义的利益。

土地为全人类公有是朱执信全人类社会平等思想的一个重要内容。他反对帝国主义的侵略,认为独占土地是一种罪恶,"罪无大于以独占阻碍世界进步者"。世界上任何地方的自然资源,特别是土地,人类应该共同享有,不能为某一特权阶级所独占。

朱执信反对狭隘的国家主义,认为它是产生军国主义和帝国主义的根源。他以日本为例,指出日本人大都知道爱国,但结果却大都以中国为仇视的对象,导致人类的灾难。这种爱国,恰恰证明不但对自己国家没有好处,而且对全人类都是灾难。朱执信疾呼:"唯爱国同时爱一切人类,始能有益于人类,且有益于国家耳。"

第四,坚持国内民族自决、平等的原则

"五四"时期,朱执信民族主义思想的另一重要内容,即提出对内民族自决的原则。民族有自决权,但在一个主权国家里的各民族只能相互依存,不能也不允许自己国家内的民族脱离国家而独立。民族自决,就是在处理民族间的问题时,要尊重各个民族的意志,要坚持民族平等政策,不要将某个民族的主张强加于其他民族。朱执信说,"以多数民族的主张,强迫少数民族绝对服从,这是违反民族自决精神的",违反自决的精神,就是违反社会公理。所以满、蒙、回、藏族人民的意见,"我们万不可不尊重"。

朱执信还就蒙古问题阐明了民族自决主张。在他看来,汉族、蒙古族都是一样的,蒙古人和汉人是平等的,各族人不能互相歧视。由于帝国主义的侵略和掠夺,国内封建军阀的混战,无论是汉族,还是蒙古族,都处于被压迫的境地,都享有平等的权利,但他反对外蒙古的独立图谋。他说,要让包括蒙古族在内的少数民族都知道，实现民族平等和五族共和还需一个过程，不能一步到位，各个民族都应该拥有自己平等的政治、经济的权利，但也要承担国民应尽的义务，维护国家的统一和领土完整。

2. 民权主义

1916年7月17日，在上海举办的一次茶话会的演讲中，孙中山提出了直接民权的主张，他说："人民直接参加政权，简言之，即如选举权、复决权、创制权等，由人民直接行之，非代议制之民权也。"在国家事务中，"最高者为人民"。建立"永不倾仆"的中华民国，"必筑地盘于人民之身上，不自政府造起，而自人民造起也"。其后，孙中山在《民权初步》中又列举林肯的民有、民治、民享之说，以定民国的意义；又以瑞士人民的选举、罢免、创制、复决四大权利，解释民权的意义。《民权初步》原名《会议通则》，完成于1917年，后编为《建国方略之三：社会建设》。《民权初步》系统地解释了为实现民权而集会之手续及方法，并提供若干事例给参与集会和议事者学习示范。

在孙中山的影响下，加上朱执信本人对欧美资本主义民主制度的深入研究和对国内外形势的把握，朱执信形成了较为系统的直接民权思想。

第一，主张直接民权，以法治国

1919年11月，朱执信在《建设》杂志上发表了《国会之非代表性及其救济方法》一文，赞成孙中山的直接民权说，指出："代表制自身缺点，加以政党之助长而益甚，所以信用全失，责备滋多也。"多数选举制、比例选举制都有弊病，西方实行的行政首长的拒否权、法官的废弃权、行政首长的解散权，都不是救济国会的良策。"代议制不是理想的最善制度"，最好的救济方法，即实行直接民权。

朱执信认为直接民权应包括复决权、创制权、罢官权，通过立法赋予人民选举权、管理权和监察权。

复决权是认定人民不仅有权选举国会议事的代表，而且有权对国会的决议提出异议。即使不大的问题，如果有一定人数要求政府再付人民表决，政府就要过问。投票的结果，认为这事可行，自然没有话说。如果说这事不行，即使国会决议一千次，也不中用。

创制权是指人民对某一重大事情寄予希望，而国会对这一希望却不理会，那么人民可以提出一个实施方案，在得到若干人附议之后，政府就应将它付之表决。如果多数不赞成，自然没有话说。若是多数赞成了，就不问政府国会意见如何，当然应该认做法律。

罢官权是指人民有权罢免行政官、司法官和议员，凡是有不合民意、不称职的，只要有一定的选民附议，便可以提出弹劾案，请求人民投票去留。只要多数选民同意这一提案，"便没有方法可以盘踞"。

朱执信认为，复决权、创制权、罢官权"为解决一切政治争论之最终形式，为人民自设法律以防止政府不良政治之手段，为人民取消不正当之法律，以免政府以恶法以毒害人民之手段"。人民立了法，官吏和人民都得执行，谁违法就以法论处。人民有了这三权，就可以使国会受国民指导和监督，能使政府归之于人民支配之下，"复回国民原本应有之主权"，人民可以采取直接投票的办法决定国家大事，"投票之结果，是者即是，非者即非，丝毫无可假借"。有了这种直接民权，就能表现人民的威力。

为实现直接民权，朱执信赞同孙中山的地方自治思想，主张采取以县为单位，分县各自改良的办法。他说：

> 一县的事情，应该如何办法，一县的人很容易晓得清楚的。一县的议员官吏，某一个好，某一个坏，很容易晓得的。

要选举不腐败,人民注意政事,非把地方的事情分开,各就各县办起来不可。不要讲集权到中央政府,就是集权到一省、一道,都不行。(《我们要一种什么样的宪法》,《朱执信集》(下),第517~518页)

关于分县改良和全国集中的问题,朱执信认为,采取分县各自改良的办法去解决国家大事,"各县人民,决定一地方的事情以外,关于国家大计,真是非全国一致不可的时候,那各县人民行使权利决定一县事情的机关制度方法,就可以移来决定国家的事情了"。

为从法律上保证直接民权的行使,朱执信认识到制定一部能表现人民意志的宪法的重要性。他说,当务之急是"制定一种包含直接民权规定的宪法,以人民为最高机关来运用的宪法"。有了这样的宪法,就有威力。"宪法是一个照相,一个缩图,你把人民的威力,表现在宪法上头,那就

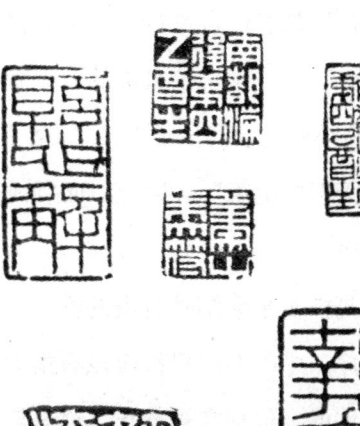

朱执信部分印鉴。藏中国革命博物馆。

是按着宪法可以做得通,就同拿着一个照相,去找一个人,拿着一个缩图,去走一条路,没有找不着,去不通的"。

第二,建立民治社会的良好秩序

实现直接民权的关键,朱执信认为在于建立一个"能够给人民一个更好的秩序",这秩序"令人民一般的生存和享乐,更有内容,更加向上"。主要包括三个方面。

一是恢复民尊官卑的秩序。民尊官卑的秩序,在辛亥革命时期已经有了,但后来被袁世凯扰乱了。袁世凯"把中华主权属于人民的规定,改做本于人民"。他所希望的是维护官尊民卑的秩序,试图用开明专制的手段,抵御民主政治的潮流。因此,要恢复和重建民尊官卑的秩序,就必须改变现在的官尊民卑的秩序。如果没有民尊官卑的观念,那么"一切合理的主张都算做不合理,很平常的道理都算做很奇怪"。

二是恢复言论自由的秩序。言论出版自由"为中国国民约法上之权利"。民初,各地都容许言论自由,但袁世凯上台后,"杀主笔,封报馆之事,层见叠出"。主张言论自由的人,有的被逮捕,有的被关押,死的死,逃的逃。袁政府对于言论自由,"只有言论束缚,哪有言论自由"。如此下去,实为"天下之危险"。因此,必须改变这个言论束缚的秩序,建立言论自由的秩序。

三是恢复集会结社自由的秩序。这种秩序,就是人民限制官厅干涉的一种秩序。中国的国民都应该有集会结社的权利。集会结社的权利,在民初是允许的,但现在被禁止。究其原因"就是袁世凯想做专制皇帝,袁世凯以后的人想做袁世凯,因此把人民限制官厅这个秩序打破了,另外换一个官厅限制人民的秩序"。

朱执信深有感触地指出,要使中华民国名副其实,恢复的秩序是很多的,但上述的三个方面是基本的秩序,革命是要从不认政府的秩序,但要"认我的秩序"做起的。政府不许言论自由，人民就要有自由言论。它不许人民有集会结社的自由，人民就要求有自由集会结社的自由。"这是最具体的最基本的改造方法。所有革命改造，都要从这里做出发点，才能够有合理有益的结果，才不至于白白地扰乱秩序"。

3. 民生主义

此时期，朱执信对民生主义亦有了新的认识。他认为改造近代中国的经济组织，必须从平均地权着手，平均地权，是社会主义实行之第一步。而要实行平均地权，则必须首先反对独占土地，使人人都能使用土地。"社会的改造，从破除独占做起。自然生产要素里头，土地的独占性是最大，所以它帮助掠夺的本领最多"。如果把土地问题解决了，其余的问题都很容易解决。在他看来，平均地权就是人人都可以应它能力来用土地，结果是社会共有。朱执信坚信平均地权一定可以实现。他认为，从亨利·乔治以来，已有许多国家试用它，因此，"我们决不要怕它是一个理想，不敢去研究它了"。

发展实业、交通是其第一要素，而在交通系统中，铁路又居首位，因此，实业救国必须从铁道做起。为阐述交通计划，朱执信将美国人之《社会化之交通》译成中文。他认为铁路不兴，则农工商业不会发达。因为物产交换要依靠铁路运输为动脉，铁路的贯通能使内地与港口呼吸相通，使对外贸易得以流畅。朱执信还把铁路建设与港口建设、矿业开发、农工盐渔各业的发展、市场的繁荣和贸易额的增长联系在一起通盘考虑。如他在分析直隶湾筑港之计划时指出："西北铁路系统与此港关系尤为密切。使其铁路完成，则此港为内外蒙古、新疆、陕甘、直隶、山西各省，举中国北部全部之唯一出口，所以预期其殷盛，可与美之纽约争衡也。"即使直隶港建成，"此种经营，非有铁路计划同时并起，使腹地与此港呼吸相通，直无利益可言"。朱执信还从开发边疆、巩固国防的角度论证了铁路建设的重要意义。他通过对伯达铁路的观察、推测，提出了"发展西北方，开辟蒙古、新疆之处女地，以为农园之计划"。西北铁路系统建成，"使中国能获适度之发展，不受一国之羁轭，完成此西北建设之大业"。

在朱执信看来，中国发展实业有独特的资源、人力条件，所缺者，唯资本而已。对于资金，朱执信持开放主义，主张借用外资。在引进外资方法上，他极力反对抵押方式的贷款，主张以不损及国家利益为基础，中外双方共同投资，共享利益。他指出，此类借款，"吾意必置之共同借款之基础之上，排去一切损及中国主权之争斗。使其借款纯然为经济的，不生势力范围之问题，若是之外国资本，吾非惟不反对之，且欢迎之"。朱执信认为，只要外债"能够借的妥当，也不一定有害"。他以美国、阿根廷等国借外资为例，说明了借用外资有利于发展本国的实业，"从前北美合众国也是靠外资发达实业的，现在南美阿根廷民国也是靠外国资本的，也不见得有弊"。为充分合理地利用外资，防止外资流入个人腰包或挪为他用，朱执信还主张实行国民监督制。他说，对于引进之外资"须求中国国民一般之了解，绝对禁止回扣红利"等不正当行为。

朱执信还注意到，在发展实业中应注重分配。依靠资本家提倡实业，靠少数人做生意攒钱，是不能够使中国摆脱贫困境地的，即使天然资源开发了，实业兴起了，但做生意的人个个得意，而一般工人，仍旧是做每月八元的工，这样中国并不算是富了。随着工业发展的进步，物价必定腾贵。将来工人一定要比现在更苦，广大劳动人民的贫穷将永远无法改变。为此，朱执信指出，判断和衡量国家富强的标准是分配问题，"国家富不富，不应该只看总额若干，还要看每人所能受的分配额若干"。根据这个标准，要使中国富强，必须改良旧的分配制度。否则，发展实业"那完全是致中国弱的实业,不是救中国弱的"实业。所以,应打破旧的资本家剥削工人的分配制度,"要把我们所主张的生产分配方法来换了旧的生产分配方法,才可以算是我们的革命成功"。

针对国外资本主义日益发达,工人生活每况愈下的现实,朱执信指出,必须要改变工人的境遇,要给他们创造一个有生存权和劳动权的环境,如果能够令做工的人比失业的人更多,而且工厂的管理权都让工人参与,工人就会发挥其生产积极性,为资本家创造财富。如果资本家用最长的工作时间、最低的工资剥削和压榨工人,最终一定会发生危险。如果中国资本家榨取工人的手段,"要比欧美的大资本家凶十倍",中国劳动人民所受的痛苦和压迫,比别的国民也要加多几倍,工人反抗压迫的斗争也会多几倍。因此,朱执信强调革命者"要从国民着想,从人类的进步着想",必须帮助广大的受剥削、受压迫的劳动人民,重视他们的失业问题和权利问题,想办法解决他们的生活问题、民生问题,只有这样,社会才会稳定,才会有序,才会进步。

为了阐述钱币革命的意义,朱执信撰写了《中国古代之纸币》一文。中国的纸币,起于宋初,迄于明弘治、正德之际,约五百年。而钱币给人们的启示,他归纳为四点:(1)兑换不必为利,不换不必为害。(2)纸币起源,不专代表货币。(3)政府发行纸币,有货物以回收之,则能保其价值。(4)社会受容纸币之量,视其国民经济之状况而定。基于以上认识,朱执信联系现实,指出"故救今日纸币之穷,唯有置纸币之基础在于所代表之货物,而于其兑现一层,可以置之不问。国家有若干之货物,以回收若干之纸币。则当其纸币流通量过于当时所需之际,纸币自然来归于国库,而物价决无腾贵之虞"。

朱执信还以极大的热情关注农业发展。他认为,改良农业首先要了解农业的现状。民以食为天,中国以农立国,可是在农业方面从来没有专门调查食粮的机关。为了使人们重视农业，他研究了中国历史的农业政策和农产统计材料，阅读了大量相关著作，撰成《中国米的生产及消费》一文，供大家作为研究调查的资料。其次，朱执信积极倡议设立改良农业的专门机构，举办农作物试验场，调查农业现状，研究改良方法。他以米为例，指出"米不好并不是应该如此，乃是没有人研究改良的方法，没有专门农事实验场，如果产米各省，能够设一个大大的农事实验场，把各处的米种，切实比较研究，试验种植，取顶好的种，去求米种的改良，并不是很难的"。再次，朱执信指出要加强对农业的管理。对谷物"苟有适宜之经理，不患其腐败销磨；而不足之地，亦不患因输出之故，致生危险"。"若有一系统之管理，加于谷物之上，则有余之地始输出，不足之地有补填，统中国所产谷物，求学不可敷其食料而有余"。

由上可见，朱执信对于三民主义的重新解释，多着重于当时中国的国情，根据事实提出解决中国独立、民主和富强的实际问题。朱执信的解释和提出的办法带有普遍的意义，充分体现了他对国情的深入了解，以及他办事的能力和处事的原则，在当时的革命党人中很少能有出其右者。

六、赞誉马克思主义

朱执信是民主主义者，但同情和关注马克思主义、向往共产主义。他研究马克思、恩格斯的理论，介绍马克思主义学说，反对阶级调和论，同情劳动人民的疾苦。他当时对马克思主义的理论尽管还存在不够清晰和理解片面的缺点，但他对马克思主义的理论探索，对马克思主义中的阶级斗争理论及人民群众的作用的认识，对共产主义社会的同情和向往，对于当时国人选择马克思主义作为救国救民的真理起到重大的促进作用。

1. 阶级斗争是阶级社会的必然产物

辛亥革命前,朱执信对阶级斗争学说有过理论层面上介绍。"五四"运动以后,朱执信有意识地运用阶级斗争的理论来分析中国社会的现实问题,旨在说明中国革命的必然性。

朱执信首先认识到,阶级斗争是经济发展的必然结果。对于阶级和阶级斗争的起因,朱执信力图从社会经济发展这个基础去解释。他认为,阶级斗争是由剥削和压迫阶级逼出来的。如果人人都做工,就不会出现资产阶级,如果人人都不做工,也就没有劳动阶级。做工的与不做工的之间逐渐形成了阶级,双方的对抗就表现为阶级斗争。

其次,朱执信认识到阶级和阶级斗争是现存的事实,是阶级社会的必然产物,不是凭空想出来的,"社会主义者的主张阶级斗争,不是以为没有阶级斗争,也要用这种手段"。中国革命的真正原因在于社会组织的缺陷,阶级斗争的激烈程度要看资本家取得剩余价值的多少和劳动者生活工作条件如何而定。中国虽然没有雄厚的资本家,但小资本家取得剩余价值的手段,要比欧美的大资本家凶十倍。中国的劳动者所受的痛苦压迫,比别的国民要加多几倍。所以,阶级斗争不是由人煽动而来,而是被逼出来的。

再次,朱执信分析当时中国社会的阶级状况指出,资产阶级与劳动阶级是两个对抗的阶级,中等阶级是介于两者之间的阶级。近代中国社会的任务之一是反对资产阶级的统治,争取合法的工作权、生存权,劳动阶级向资产阶级进行斗争是必然的,不可避免的。

朱执信还通过分析中产阶级的地位及其政治态度,认为中产阶级不可能长久地保持其中间立场,不是站到劳动阶级一边,就是站到资产阶级一边。这是现阶段社会发展的一种必然趋势。他指出:

> 所有中产阶级，除了特别有好机会的以外，都跑到劳动者一路去。那些要有学问的工作，虽然还是雇往日自命中等社会分子的人来做，这些人早已以有识无产阶级自居。这些碰着好机会留着财产的人，也只好钻到资产阶级里头并附庸。独立的小资本家，再没有占势力的机会。(《中等社会的结合》，《朱执信集》下，第766、767页)

朱执信认识到由于广大人民的日益觉醒，他们反对资产阶级剥削和压迫的方式也日趋多样化。在政治上，用炸弹手枪，聚众要挟；思想意识形态上，用小册子、用演说台；经济上，罢工、罢市、怠业，都是阶级斗争。朱执信还运用阶级斗争的观点分析国际间的冲突，认为在帝国主义国家中，资产阶级与劳动阶级也是对立的，第一次世界大战结束后，尽管美国属于战胜国，但广大人民却没有得到任何好处，大多数人仍是饱受痛苦。只要这种不平等的情况不改变，它们之间的斗争也不可能没有。

最后，朱执信指出，阶级和阶级斗争的存在也不是永恒的，它最终是要消灭的。朱执信认真研究了消灭阶级和阶级斗争的根本方法，指出："社会问题的解决，是要把阶级构成的特权消灭去。"消灭阶级斗争，必须先消灭阶级。而要消灭阶级则必须借斗争的一个阶级力量去完成。他说："现在要绝灭阶级斗争，不能不先绝灭阶级。要绝灭阶级，还要借斗争的一个阶级的力量，所以现在要奋斗的时候，还得找一个破灭阶级的势力。"有阶级存在，就要做消除阶级的奋斗，只有消灭阶级，才能消灭阶级斗争。

由上可见，朱执信对于阶级和阶级斗争的认识比孙中山还要深刻，他不反对阶级斗争，主张通过阶级斗争去消灭阶级的差别，最终达到消灭阶级和阶级斗争的结果。这种观点，与马克思主义者的看法十分近似，这表明朱执信是一个激进的民主主义者。他的思想在孙中山的革命民主主义者中，与廖仲恺一样同属于赞同马克思主义的阶级斗争学说，同情劳动人民疾苦，不断进取，不断进步，与时俱进的民主革命家和政治思想家。

2. 农工是改造中国的真正力量

十月革命和"五四"运动使孙中山等人认识到南北军阀的反动本质，开始改变过去对人民群众的态度。1919年10月，孙中山将中华革命党改组为中国国民党，高度评价新文化运动和"五四"运动的作用，他认为这"诚思想界空前之大变动"，"实为最有价值之事"，"将来收效之伟大且久远者，可无疑也"。

朱执信发展了依靠贫民的思想，充分肯定人民群众在社会政治生活中的地位和作用，提出了"农工是改造中国的真正力量"的论断。他认为，中国的商人和知识分子都不能成为改造社会的真正力量，他们"想独肩这个革命重任，恐怕不容易"。他说："中国的商人，多是靠这社会的缺陷来得利益的。我不敢希望他的团体有打破环境的举动。"知识分子如果不与工农结合，编进劳动阶级中去，也没什么好处。

在总结辛亥革命的经验教训时，朱执信充分肯定了人民群众的巨大作用。他说，满洲是人民的威力推倒的，民国是人民的威力建立的。人民从事反封建、反帝的斗争是自愿的，不是任何革命家能左右得了的，谁都不能同人民的力量抗衡。随着社会的发展，人民是要由不觉悟走到觉悟的。革命党人眼中要有人民，千万不要看不起人民，看不起人民就是看不起自己。

朱执信认为，改造中国社会只有依靠农工，农工是最有前途、最有力量的阶级。爱国运动是群众的运动，学生应该到人民中去，告诉他们中国如何被人出卖的、卖国者是谁。爱国运动"一定要通于各阶级各地方才有效","要运动乡下人爱国才有用"。离开了农工的帮助,学界也没有真正的力量。工人的力量日益壮大,肯替主义拼命的人,还是要到工人里面去找。革命者应该与劳动者打成一片,从事解放劳动群众的事业。而不应该于劳动者之外,另立门户,更不应该与劳动者对立。

朱执信坚持民意战胜金钱武力的论断。他认为民意的力量甚大,是民意战胜了第一次世界大战,也是民意推翻了俄国沙皇长达400年的统治,这不是金钱武力可以阻止得了的。他强调有主义之民意在革命运动中起着举足轻重的作用。有了这种主义,群众运动就有了雄厚的基础,人民就能赴汤蹈火,在所不辞,就能"自由活动之生,与心安理得之死"。为主义而战,人民就会视死如归。

如何看待妇女在社会革命和建设中的作用,历来存在分歧的看法。朱执信在《男子解放就是女子解放》和《女学生应该承袭的财产》两文中,专就妇女问题进行了论述。他认为,妇女社会地位的提高,有赖于社会全面地解除对妇女的束缚。解除一个人的束缚是很容易的,但解放全社会对妇女的束缚是艰难的。所以,要解放全社会对妇女的束缚,恢复妇女的社会地位,只有寄希望于全社会的人先后都解除对妇女的束缚。不能只取消表面上的夫权、同居权、扶养权、义务等就以为了事,"一定要把平日的生活和婚姻制度相连的——性欲、孕育、家事(包括炊爨等)——诸男女分工问题",一一都能解决,才能算做妇女解放。

3. 向往共产主义

共产主义社会是人类最理想、最美好的社会,是人类社会发展的终级形态。而社会主义社会则是共产主义社会的初级阶段,是"自由王国"通向"必然王国"的桥梁。新文化运动时期,一批具有初步共产主义思想的知识分子,热情称赞十月革命,广泛宣传马克思主义。朱执信便是其中之一,他热情地宣传共产主义,认为共产主义终有实现之一日。他指出,要消灭剥削和压迫,则必须建立社会主义社会。他说:"现在我们想改造社会,自然要打破经济的阶级,建立社会主义的经济组织。"要使人民知道,在资本主义时代,社会组织的缺憾是人民生活上痛苦的原因。要改变现状,必须要教育人民树立为社会主义奋斗的信念。

对于共产主义的分配制度,朱执信也有一定认识。他认为,实行共产主义,要使人们"各尽所能以供给于社会"。在八小时工作以外,为社会服务,不计报酬。在改造军队的理想蓝图中,朱执信运用共产主义思想来考虑官兵的平等关系。在政治上,除了作战指挥以外,兵卒于将校士官,没有必要区别阶级。在分配制度上,共产主义实现以前,采用各尽所能、按劳付酬的办法,官长服役时间较士兵长,因此他们的工资可以多于士兵。除军队外,其他行业也如此。工人有专家、熟练工人、普通工人的分别,可以受不同等的报酬。在共产主义实现以后,就要采用各尽所能、按需分配的方法。

剩余价值理论是马克思主义的理论基础,实行共产主义就是要消灭资本家对剩余价值的掠夺,朱执信对此也表示赞同。他说:"假使吾为工场主,吾必不能效马克思所谓余剩价值掠夺之行为,至少须学德国塞斯工场之组织,以绝资本主义之形迹。"

共产主义社会是没有剥削没有压迫的人人平等的社会,建立共产主义社会要依靠工人阶级。朱执信指出,"世界的工人,都比农人感觉资本制度的痛苦较早,而且较深切"。工人阶级同资产阶级的斗争,是进入共产主义社会的必然过程。靠资产阶级是不能建立起共产主义社会的。针对有人污蔑实行共产主义社会之后,"个个都懒惰,不做工,社会就会覆灭",

朱执信指出"共产主义不提倡懒惰，无业游民、娼妓、兵匪都反对共产主义社会"。他质问："如果共产社会奖励懒惰，那现在的官、绅、富豪、强兵、悍匪、卖淫、吓诈、鼠窃、狗偷等等角色，就应该众口一词，来欢迎他，为什么还要反对他？"

朱执信认为，共产主义虽有实行之日，但绝不能坐以待之，而应去主动争取。只有推翻旧社会，才能建立新社会，"有害之制度不去，有益之制度不来"。共产主义社会能"早一日实现，则社会早一日免其痛苦"。可见，对于共产主义，朱执信一往情深，寄予希望和向往，表明他真不愧是一位站在时代前头，愿为美好未来奋斗的勇士和探索者。新文化运动以及"五四"运动时期，是朱执信一生中著述最多的时期，他的论著已包含了一些共产主义的思想因素，有些观点甚至已接近或达到马克思主义者的水平。朱执信对社会主义、共产主义的论述，已由《民报》时期的直接译介，发展到"五四"时期理论探索与实际践行相结合的阶段。何香凝在1978年出版的《回忆孙中山和廖仲恺》一书中由衷地说，"如果他（朱执信）还健在，他很可能是坚决信仰马克思主义的"。何先生对朱执信的推测无法印证，但她无疑给我们提供了一个研究朱执信思想转变的契机。

第六章
学术与革命

为革命而学术

革命与中国的存亡

革命与国民的觉醒

一、为革命而学术

朱执信学习勤奋,也很聪明,对知识的积累和学习非常的认真,文章也写得很好,又懂得几种外文,非常适合做学问。他到日本留学后,适值孙中山为首的革命党人在日本筹划成立革命组织,发动国人掀起反清革命。朱执信是一位忠诚的民主革命的支持者和爱国者,对于反清革命一开始就是积极的参加者。1905年8月,中国同盟会成立后,他又成为同盟会机关报《民报》的编辑和撰稿人,所以他是一位革命的学人。他既是一名战士,又是一位学人,这双重身份,使他一开始就为革命研究学术,又以学术来为革命服务,成为一名文武兼备的杰出的民主革命家和思想家。朱执信的战友林直勉在《怎能忘我朱先生》一文中说道,朱先生的学问"高深渊博",人所共知。他的学说渊源于他先君;他先君的学问是非凡的,见于文字的,坊间有《棣坨集》,见于事功上的,惜我未能述其十一;因为他是前辈,余小子焉能知道他的事功呢?总而言之,朱先生的学问,是渊源他先君的。其次,他自己聪明和具有很强的创作能力。林直勉说,从前有人说一段故事,煞有介事:

> 某某(忘却名字),仅十余岁,中了状元,来粤主考,有某以其先人遗稿递阅,他觉得著者名字似曾相识,其文章似经熟读的,但其文章向不流传于世,为之愕然,旋自以为这是他的前身,他的文章,是前生饱学的,时人也多以为然。
>
> 这人并说,朱先生或者和这主考一样,都是前生念饱书,这是近于传说取笑,可置不论,但朱先生的天才,是一切有天才的人之尤有天才者,则是半点也不假。

再次,"因为西学文明东渐,帝国主义的侵略压迫又接踵而来,激荡朱执信学外国文字语言,研究西洋的学术,所以刚20岁就跑到日本留学"。有人说:"中国派留学生,不知派了多少,大抵最初一次算至今日派往日本的学生,没几个比得上朱先生的。"有一位有学问的同志说:"我本和执信同到日本的,'虽与之俱学,弗若之矣',他真使我五体投地,我自问大不如他。"

林直勉以上回忆大致说来是确切和真实的。朱执信的记忆力很好,他自幼小至长大,一经读过什么书,无不了解,无不记忆着。有人说:"他做革命,常常要用密电字码的,密电字码很麻烦,不易记忆,可他竟然会记忆起来。"有一位叫梁香滸的人,学问文章都不错,他生平不轻易佩服人家的,但他却很佩服朱先生,在1918年他曾谈过:"旁的不说,执信

手书对联赠林直勉

先生平时不肯作的白话诗，你看他一下笺便好，便使人不能及。"

戴季陶也对此作过精辟的概述，他说，朱执信"那研究学问的智慧和热诚，真是我们几个常在一块的朋友所不及的。读书的量，我不及他，读书的理解力，我也不及他，至于讲到智识行为结合一致的意力，更是我们所万万不及他的"。

朱执信通晓日、英、俄文。他专治政治、经济、政治伦理诸学，且非常精通。算学，也很高深，军事学也很精明，文学也不错，尤其是新诗写得地道。然而，朱执信的学问不尽见诸文字，见诸文字的，只是一小部分，《朱执信集》收录的文稿只有60多万字，而且多与革命有关。可见朱执信做学问是为了革命，又是为了革命而去专心研究学问。他的学术专长诚如孙中山一样，都是"革命学"。而且，朱执信谈得上是研究东西方政治、经济和文化的论著也多与当时中国的革命有关。辛亥革命时期的重要论文，如1905年10月发表在《民报》创刊号上的《论满洲虽欲立宪而不能》，就是为批判当时国内外立宪派"立宪易、革命难"的主张而撰写的。这篇文章就当今的认识看来，也有偏颇，但他就东西方民族作比较，指出"夫欧美孰有不革命而能立宪者，况中国之立宪不可同于欧美也"。他明确告诉读者，在"中国立宪难。能立宪者，唯我汉人。汉人欲立宪，则必革命。彼满洲（即满族）即欲立宪，亦非其所能也"。他列举各种事实，指明清政府对外卖国，对内实行民族压迫，说明其改革既不能取信外人，在国内也不可能去皇权而立宪，所以在当时的中国，"欲救其难，舍革命更无他术"。并指明"革命者，以去满人为第一目的，以去暴政为第二目的"，"第一目的既达，第二目的自达"，"能立宪者，唯我汉人。而汉人能革命，始能为立宪"。在当时能站在革命者立场上，既不反对立宪，又宣传革命是为立宪创造条件，朱执信算得上是比较高明的人士。

又如1906年5月在《民报》第4号发表的《从社会主义论铁道国有

及中国铁道之官办私有》一文,是他为配合国内保路运动及主张将铁路收为国有而撰写。在文中的开始,朱执信便说:"近日粤汉铁路,广东有官办商办之争。就事而论,必右商而左官。"然而,铁道国有与今所谓官办不为同物,商办与铁道国有之本旨又相冲突,这是无能为之辩护的事实。朱执信在文中详细地叙述了铁道国有之理论,以及国家铁道之历史,说明"铁道既国有,则凡独占事业专横之弊悉去。故其对乘客及运货者,运费得廉,设备得固。其对职工保护得完全"。此文未完篇,但后亦无续刊。本文的发表对于国内保路运动的发展是一个很大的鼓舞。

又比如,在《民报》与《新民丛报》辩论土地国有主张时,朱执信据《新民丛报》社会革命与政治革命不可同时进行的主张,针锋相对地在《民报》第5号发表《论社会主义革命当与政治革命并行》一文。本文具体、深入地论述了社会革命之原因,以及社会革命与政治革命相关的理由、并行的结果,结论是"社会革命与政治革命并行,有相利而无相害"。朱执信的文章说理深刻,论证有据,并无空泛浮躁的谩骂,他的每一篇文章、每一个议论都相当理性,这对于时人的影响很大,尤其是对知识分子具有吸引力和启导。

朱执信、廖仲恺在香港迎接孙中山与友人的合影

又比如在讨伐袁世凯和护国护法运动期间，朱执信的笔锋便对着袁氏的独裁和卖国，为讨袁和护国护法呐喊。1914年1月10日，袁世凯下令解散国会，停止参众两院议员职务。5月1日，袁世凯又颁布新"约法"，废除《临时约法》。面对袁世凯的倒行逆施，朱执信在5月《民国》杂志发表文章《未来之价值与前进之人》，他用事实说明，中国政府"依恃外力，牺牲人民、土地，以图一逞者，其唯石敬瑭乎。能使从珂心胆俱碎，而儿皇帝竟不保十二年，此殆历史上作恶之最下劣者也。虽然，吾甚悲今之有似于彼者。今之世所目为官僚派者，其治天下固已不足道，其自谋自身也，犹若是其拙也，则将何以继之。是今之政府，为恶之政府"。在文中，他批评那些中国国民程度不足不适于共和，而提倡开明专制的人是只知有今不知有未来。朱执信说，所谓国民不适于共和，应该说不适于君主，不适于专制，而尤不适于开明专制。他号召国民"为将来而牺牲现在者，能使现在有现在以上之价值，故其进步不息，所谓前进也"。"所谓牺牲也，唯其将来之所谓，将以现在之嗇其享乐"，故其将来之价值则无穷。他指出：中国之人，当毋吝其牺牲，以其前进之精神，移而布之全国，反对袁氏独裁政府，创造美好的未来。同时，朱执信还发表《无内乱之牺牲》一文，他说，自讨袁以来，皆因无统一的计划，各地虽有再起的行动，但"相继败没"，故此半年间，可谓之无内乱。虽无内乱，袁世凯每年还要杀万数千人。军费也日增。袁氏在谈笑之间，卖一矿、赠一权，所损已不知几百倍于此矣。内乱而息，袁乃得举全国之利而赋予外人。所以，不能畏于内乱而甘此亡国之政策。以中国之内乱，不论时间如何长，"苟其志在利民者，其牺牲现在之生产力，与长期为无内乱之所牺牲恒不相远。唯是其牺牲止于现在，而欲望乃在将来"。为了将来，朱执信鼓动国人起来继续倒袁。

为捍卫共和约法，朱执信在《民国》发表批驳当时新闻记者将孙中山领导的革命称为"暴民革命"的文章,引据亚里士多德、史梯芬斯指美国的共和政治之腐败为"暴民政治",朱执信指出,孙中山的南京临时政府,"不特无为暴之日,抑且未揽为暴之权","以国会论,则前有参议院,后有国会,其成形也较少,其表现者较多矣。然问其何以为暴,则殆无加于南京政府也"。袁世凯政府,"其少数执政之人,破坏法规,恣睢无忌,多数之民,不以为虐,反崇而与之,此可谓之'暴民政治'也"。袁世凯之暴在于他挟兵力以威天下,"虽同为暴,罪不在民"。所以,朱执信指出,那些不肖之徒,"集怨毒于共和,因推怨于造成共和之人",是"贼劣根性,以辱为甘"。这就将共和政体与"暴民政治"划清了界限,对于国民起来维护共和约法提供了理论的根据。

在新文化运动和"五四"运动时期,朱执信写了大量文章,在《睡的

1919年的合影。右起:廖仲恺、邵元冲、朱执信、杜绍乾。

人醒了》、《论军官之政业》、《国家主义之发生及其变态》、《民意战胜金钱武力》、《神圣不可侵与偶像打破》、《舆论与煽动》、《不合时宜的调和论》等等论文，针对当时流行的各种舆论，针砭时弊，支持学生运动和新文化运动。朱执信既批判那种中国人觉醒了，又会去威胁别人的新黄祸论，指出："你如果说中国睡了几百年，我是承认的。说中国现在醒了，我是很希望的。说中国没有睡以前，是一个狮子，所以醒了之后，也是个狮子，我就不敢附和了。"中国有史以来，很少有自动的对外战争，因为蒙古人侵略过欧洲，所以讲起中国，就想起蒙古，凭空想出"黄祸"这一个名词，这未免太不了解中国人了，中国的政治家和思想家，历来主张做人，不做狮子。中国在睡以前，学说上全然反对侵略，没有恭维过狮子，筹安会的杨度等人主张组织强有力的政府，可以做狮子，但从中国的民众来说，还是提倡国与国之间要互助、要相爱，不要侵略，不要使人怕，要做人，不要做狮子。

又如在《国家主义之发生及其变态》这篇长文中，朱执信说，我们主张国家主义，但他只主张平等的国家主义，反对优越的国家主义，国家非最后之生活方式，则国家主义亦不能为永久之生活标准，故世界国家发达至一定之程度，当然不必要国家主义之提倡。因为国家主义有时不特无益于国，抑且有害于人类，但当列强借国家主义实行其侵略，推行强权政策时，弱国认为国家主义为必要，"故吾人认今日中国当提供国家主义"。

很显然，以上言论是针对当时列强不能以平等、公正的态度对待中国，引起中国学生发动"五四"爱国反帝运动的一种正确舆论声援，并驳斥列强对中国人觉醒会对世界带来威胁的歪曲进行驳斥。这是一种正义的声音，是一种通过树立国家主义，增强爱国心和民族自信，作为防止帝国主义侵略的重要手段。

至于针对当时的学生运动和新文化运动，朱执信发表大量的时评和文章给予正面的导引和肯定，这是以学术为政治为革命服务的具体表现。

总之，朱执信是学人革命者，他为革命而献身，为革命而研究学术，是一位杰出的学者，又是一位坚强的革命战士。他活着为革命而认真学习，为革命而研究学问。尽管在革命的过程中，朱执信也遇到过挫折，但他没有悲观失望，总是勇往直前，对未来充满希望和自信。这是一个真正的革命学者的价值体现。诚如他在一首名为《毁灭》的诗中所言：

> 一个明星离我们几千万亿里，
> 他的光明却常到我们的眼睛里。
> 宇宙的力量几千年前把他毁灭了，
> 我们眼睛里头的光明还没有减少。
>
> 你不能不生人，
> 人就一定长眼睛。
> 你如何能够毁灭，
> 这眼睛里头的星！
> 一个星毁灭了，
> 别个星刚刚团起；
> 我们的眼睛昏涩了，
> 还有我们的兄弟，我们的儿子！

朱执信是说，毁灭一个人不困难，但毁灭这个人，别的又继起是永远毁灭不完的。这是一种精神的宣示，是一种伟大信仰和理想的宣示，是朱执信为了祖国的美好未来，宁可毁灭自己，用自己的毁灭去鼓舞后人为美好未来奋斗的真实表露。

二、革命与中国的存亡

生活在19世纪末20世纪初的中国人,都对于帝国主义发动侵略中国的战争,一次又一次地通过不平等的条约割占中国的土地,勒索中国的赔款而忧心忡忡。孙中山哀叹吾中国被人瓜分,灭亡的日子近矣,"蚕食鲸吞,已效尤于接踵,瓜分豆剖,实堪虑于目前","倘不及早维持人口,乘时发奋,则数千年声名文物之邦,累世代冠裳礼义之族,从此沦亡,由兹泯灭"。所以,孙中山喊出,中国人只有起来革命,振兴中华,"中国还可以有得救",否则中国乃真亡矣,"故今日大众,当勉为爱国之国民"。

朱执信自从立志革命,就立下救国救民的责任,并对他胞弟说,长兄既然献身革命,便不知再有家,更不知道再有自己,只知道为国家为民族去作贡献了。朱执信从立志革命时起,就去小家为国家献身,用自己的英雄主义气概和热血男儿视死如归的革命精神来表现自己大无畏、立志为国家民族、为众人做事的决心,实在感动人。

朱执信在《人类的将来》一文中说:"现在的人,动不动都是讲强种强国。自己一族的人,想他一天多过一天。自己一族人所占的土地,也想一天多过一天。这就是所谓大什么主义,大什么主义,帝国主义了。如果这一班人能够再稍微进步一点,想着自己只管把别人通压服了,自己子孙布满世界,几万年后,还是自己的子孙和自己的子孙争面包拼命,或者也会有自己的子孙和自己的子孙你吃我,我吃你的时候,一定会把现在那一种兴会淋漓的帝国主义,大什么主义丢下了。"所以,帝国主义如有一种什么主义出来反抗"在那颠倒梦想一族支配全球"的帝国主义学说时就行不通。朱执信非常形象地说明帝国主义是没有未来的主义,一定会被另一种进步的社会学说所代替,并充满自信地说,这种趋向,是一定可以看到的。

1914年第一次世界大战爆发后，有人主张北洋政府应该参加协约国对德国宣战，孙中山指出这是帝国主义对帝国主义的战争，如去参战，给中国带来的是被人利用去充当杀人的工具，坚决反对对德宣战。孙中山还命朱执信写作《中国存亡问题》一书。本书就中国要不要加入协约国、加入之利害、中国加入与各国之关系，以及大英帝国主义之基础、英国百年来之外交政策、协约国胜后之英国外交、协约国战败或无胜讲和之英国外交及参战中国之存亡等问题作了全面、系统和深入的分析，全面地体现了孙中山、朱执信对帝国主义战争的考察和立场，反映了孙中山、朱执信对人类、对中国和平未来的关注。

朱执信说，国家不能为战争而存在。"国家之生存要素，为人民、土地、主权。故苟有害于此三者，可以抗之也，抗之不足，于宣战，亦有理由。然不能不视其损害之重轻，而伺其重者谋之"。他指出，那种认为参加协约国对德宣战，可以见好于欧美诸国，将来可望得其援助的思想，是"全由中国历年远交近攻之遗传的愚策而来"的一种歪理。他指出，中国参战必亡，"中立必存"，所以中国必须"以独立不挠之精神，维持严正之中立"立场。细读全文，不仅会对朱执信对国际知识、外交政策的了解赞叹不已，而且也会为他分析问题的能力，以及思想的深邃惊叹不已。这一切都充分地反映了朱执信作为中国的民主主义者，反对帝国主义侵略，维护民族独立的爱国主义立场，也充分地体现了朱执信对国际问题的熟识和了解，具有深刻和超前的认识。孙中山直到晚年在他的三民主义讲演中，仍然坚持他当年与朱执信等人反对加入协约国对德宣战的正义性和正确性，说明孙中山、朱执信对于帝国主义之间的世界战争始终都坚持反对的态度。他们用理论和行动表明中国坚持和平、独立自主外交是为了人类的长远利益，也是为了中国未来的发展。

三、革命与国民的觉醒

孙中山发动的反清、反袁和反对北洋军阀的革命,是反专制、反独裁、反分裂的民主革命,是人民革命(孙中山称为国民革命),在这场革命中决定胜负的力量,是国民的觉醒和对革命的态度。

孙中山曾说过,欲图根本救治中国,"非使国民群怀觉悟不可","根本救国,端在唤醒国民"。为了唤醒国民,朱执信不仅在辛亥革命时期参与《民报》和《中国日报》的编辑和撰稿,写了大量宣传革命,鼓动国民参加革命,以及宣传三民主义和建设共和民主的文章,而且还深入会党、绿林和国民中做了大量行之有效的宣传工作,在早期的广州起义,乃至于后来的"二次革命"都起了重大的作用。在反袁、护法时期,朱执信是革命宣传的操盘手,无论是与戴季陶等在上海创办《星期评论》,或与胡汉民、戴季陶等在上海创办《建设》杂志、兼任上海《民国日报》的编辑,朱执信都把提高国民对国情的认识,呼唤国民觉醒作为他工作的重点。在这个过程中,他通过他的文章不仅倾诉了他对中国建设,以及社会进步的终极关怀,而且也表明将提高国民的素质和觉醒作为自己主动承担的历史使命。

1919年9月21日,朱执信在《星期评论》第16号,发表一篇很有意思的文章,题目是《不可分的公理》。这篇文章是针对《新民国》第4期由天放署名发表叫做《新国民的新觉醒》的文章发表自己的不同见解。朱执信在这篇文章中说:

从前人家总相信:
"强力就是公理。"

> 到了欧战结束下来,便把头倒转了,认做:
>
> "公理就是强力"。

然而后来:

> 威尔逊提出军备制限问题,英相乔治首先反对,不肯抛弃海上优越权。法总理克里曼索氏且扩充陆军,比较大战争以前还要增加两个军团,意大利对阜姆港又提出无礼要求,真是愈闹愈糟。至于我山东问题结的果呢。唉!把公理一笔抹杀,不消说了!……强力和公理本来是你死我活势不两立的仇敌。今在巴黎和平会里头,竟握手言欢,左拥右抱起来,连威尔逊也赞成起来……

所以作这篇文字的天放先生,下了一个结论,就是"强力拥护公理"。这就是所谓彻底的新觉醒,但结局他的主张则是:

> 我们不能不用克鲁泡特金的互助主义。但必先崇拜尼采的强力唯我主义。这就是拥护公理的法宝,发扬国光的利器,为将来奉行互助主义的张本。

朱执信讽刺地说:如果这样的议论,也算是打破障壁树立新理的话。那么他的这新觉悟的新理还有不完全的地方,最少也可以讲有说明不大透彻,容易引起误会的地方。为此,朱执信花了很大篇幅去陈述公理与权利的不同。他说,公理没有国界,在没有国家之前公理就存在,国家废了以后,公理还不会废。我们既拥护公理,就不必把国家放在眼里,便要做超国家的世界的人。我们拥护公理是替世界人类拥护,不是为我,为我的家族、国家拥护它的，不是因为对我有利拥护它的。就是拥护了它于我有害，也是要拥护的。

朱执信强调，公理不是保护一国权利的，不是可以要一部不要一部的，不是喜欢就要不喜欢就丢的。我们要拥护公理，就是要拥护全世界人类的公理，就要从自己能力做得到的下手，这才是"真的国民新觉悟"。

朱执信认为，在当时强权就是公理。用强大的力量去侵犯别国的土地，掠夺各种权益的帝国主义高叫的所谓公理，既不公，也没有理。只有为全人类的利益去争取公正、公平、正义和平等的理论才能称为"公理"。朱执信在1919年巴黎委员会，即所谓第一次世界大战战胜国分赃世界权益会议期间提出这样一个尖锐的问题，号召国民起来为维护人类公理，为争取我国的合法权益而斗争，并提出国人要在斗争中为实现真正的"公理"去奋斗，才是"国民的真觉醒"，具有重大的意义。

在护法期间，报端时出各种谬论。朱执信写了不少时评，如《拥护南方军阀之荒谬》、《谁为重要当局》、《请愿与民权》、《权利与事实》等等，朱执信在这些时评中，除了澄清护法和恢复国会的真意思外，就是告诉国民护法是在欲恢复国会，恢复国会是为了行使约法之权利，议员代表民意，今日求于国会者是为了使国会能代表民意。中国是民国，国会代表人民，如当局者于约法之下，不着重国会，即为谋叛。所以，护法者，不外是拥护约法国会，国会之存在，不在其能开议，而在其意见之被尊重，国会不尊重民意，则国会名存实亡。护法为约法国会而兴，蔑视约法，不尊重国会，而讴歌南方军阀，就是僭称约法政治而蔑视中华民国之人民。朱执信说，"废国会而别立新国会者，段祺瑞也。挟国会以令西南，而又不尊重国会之意思者，岑春煊也。皆军阀也，皆有对于民国约法为谋叛之罪者也。凡一切卖国行为，皆自此不尊重法律之军阀始之"。所以，朱执信希望国民对于南方已坏法而危及国家根本之军阀，"履霜坚冰，忽悠忽视之"。呼吁社会服从真民意反对假民意，制定含有直接民权有效之宪法。朱执信指出，有些本来很简单的问题，被弄得很复杂，其实只要把那些"不合论理"的谬论打破，认识护法的真正目的，我们就会理直气壮地坚持我们正义的斗争。他强调说，清政府是人民的威力推倒的，民国是人民的威力建立的。这几年的动乱，是因为没有认识到人民的威力。所以，我们必须要造出表现人民威力的宪法，否则我们就辜负人民的重托。

总而言之，朱执信认为人民是民国的主体，只有人民觉醒了，认清世界和中国政局混乱的根源，团结起来反对南北废法的军阀和官僚，恢复民国为人民之国，国为民所建，为民所治，国家就能和平和稳定，相

广州执信中学校门口。该校由廖仲恺筹建。

反则祸乱不止，人民遭殃。这一切都说明，作为一个思想家，报刊界的操盘者，朱执信的许多文章和时评不仅仅是接近民众，切中时弊要害，而且还因为他的言论精辟，以及简洁、明晰的评议和笔触，对于社会的知识界、教育界的影响切不可忽视。所以，作为战士式的知识精英，朱执信不仅人格高尚，只讲奉献不求索取，只讲报效祖国，不求升官发财，他用笔当做刀枪向旧社会旧势力宣战，为人民的权利而呼吁而斗争，直到生命的最后一刻。他用他的知识研究各种问题，用他的口和笔去宣传、鼓舞国人觉醒奋起，为伟大的中华民族复兴而去研究学术，这是他的真精神真价值之所在。朱执信为革命去研究学术，追求真理，又用他的智慧和学识为国家为民族效劳，他是知识分子的典范，是用知识为中国民主革命献身的英雄。

第七章
革命与建设

"反满"与共和合一

民权与国权并重

社会革命与文明进步

一、"反满"与共和合一

1894年11月24日，孙中山在《檀香山兴中会盟书》中，将"驱逐鞑虏，恢复中国，创立合众政府"作为反清革命的纲领。1905年7月30日，孙中山在《中国同盟会盟书》中又将"驱除鞑虏，恢复中华，创立民国，平均地权"作为革命纲领。所谓"驱除鞑虏"即反对满族建立的清政府；"恢复中国"或"恢复中华"，即是说打倒清政府后，合力建设中国，振兴中华，使中国强盛起来；"创立合众政府"或"创立民国"，即是创立共和政治体制，建立共和民主的国家；"平均地权"，是说要将土地权由少数皇室或地主阶级垄断的私有权，改为国家和人民共有，进而发展经济，解决人民的生计和社会发展问题。这即是后来人民所说的民族、民权和民生三民主义。

作为中国同盟会的会员、孙中山的战友，朱执信必须接受孙中山为反清革命制订的政纲，并为实现革命的政纲不懈地努力和斗争。

朱执信加入中国同盟会后，除在日本继续学习外，主要精力用于为《民报》撰写文章，宣传革命，并针对康有为、梁启超反对革命的言论进行论战，以"蛰伸"和"县解"为笔名撰写文章，宣传革命的必要性，阐释和捍卫孙中山的三民主义理论，高举"反满"与"共和"革命旗帜，将民族革命与政治革命结合起来，发挥了舆论宣传的重大作用。

朱执信在《论满洲虽欲立宪而不能》一文中，反复论证"满洲"（即满族）虽欲立宪而不能，"满洲与我汉族，不能同立于一宪法"后，又详细地开列满族建立的清政府丧权辱国的事例，说明"中国自流寇之糜烂，乱臣外附，率鞑虏以蹂躏中华，国胜社屋，黔首大半屠戮，遂使虏尸此君位。自尔以来，台湾之割据，三藩之兴起，川楚之纵横，以民族倡议者，未尝十年间绝。而最近者，洪氏挟义而起，东南响应，屠胡虏以万计。既以胡运未终，功遂不奏。而其余力每蓄愈遒，茹蘖蹈刃，志在必克。下之妇稚懦夫，无荷戈踵后之勇，而犹戟指愤詈不置。是故两族之间，有相屠之史，而无相友之迹也。"朱执信在叙说"吾汉族之愤彼如此，在彼满洲亡吾愤亦可知"后，强调"今之革命，复仇其首，而暴政其次也"。

朱执信将反清革命视为"复仇其首"，说明其具有浓厚的种族主义思想，这种思想的核心是大汉族主义，是古代"夷夏之辨"汉族至上思想的表露。这种思想的张扬，无疑是对民主革命及共和思想的悖逆。就这方面看来，朱执信是一位激进的狭隘的民族主义者。正由于如此，所以他认为满汉族之间的界限不能自破，并错误地认为，"为我汉族者，可以蹈白刃，就水火，可使老岩壑，长鄙僿，而不可以与满洲人长此侪处。无论以立宪饵之也，即有共和极制，非与满洲为群，无从得知者，亦有舍置之而已，长此忍辱含垢，所不屑为也"。朱执信是在说，满汉族之间，由于种性各异，不能调和融合，只能通过革命的办法，推翻清政府后，实行汉族同化政策，才能使满汉族合而为一。所以，他认为"欲救其难，舍革命更无他术。革命者，以去满人为第一目的，以去暴政为第二目的。而是二者，固连相属，第一目的既达，第二目的自达"。并说"能立宪者，唯我汉人"。如果按照朱执信这种思维去建国，就不可能有民族共和，更加不可能有民族的团结和合作。

孙中山当然不同意朱执信的看法，《在东京〈民报〉创刊周年庆祝大会的演说》中，明确地指出："唯是兄弟曾听见人说，民族革命是要尽灭满洲民族，这话大错。民族革命的原故，是不甘心满洲人灭我们的国，主我们的政，定要扑灭他的政府，光复我们民族的国家。这样看来，我们并不是恨满洲人，是恨害汉人的满洲人。假如我们实行革命的时候，那满洲人不来阻害我们，决无寻仇之理。"

1906年7月，朱执信在《就论理学驳斥〈新民丛报〉论革命之谬》文中，仍然在为其种族革命辩护，说："言种族革命者，固有以社会上之理由（复仇）者，亦有以政治上之理由也。"继续宣扬"不为种族革命不能立宪"的主张。但此后，朱执信关于复仇为目的的种族革命的论说则逐日减少了，说明他的种族革命的思想已经有了变化。1908年6月，朱执信在《心理的国家主义》一文，指斥那些提倡国家主义以抗民族主义的言论是爱清政府，实则爱君主。并有言"满洲人之非我国人也"，"满洲之国家，则不过承认征服之事实而已"。这些言论，固然是种族主义思想的流露，但他也承认，推翻清政府后，"欲建设中华共和国，而为各种运动，亦国家主义也"。所以，唯倡民族主义，而后可倡国家主义。"言民族主义，即国家主义在其中矣"。国家主义，也即爱国主义，他所指的言民族主义，国家主义即在其中的解说，就比过去宣传种族复仇而达到光复汉族的主张理性了很多，起码情绪化的言辞减少了百分之九十。

1912年，中华民国成立后，政治体制为"汉、满、蒙、回、藏"五族共和，即孙中山所说的"满、蒙、回、藏"为代表的少数民族与汉族平等，共同建设共和民主的新国家。自1908年以后，我们再也看不到朱执信发表"反满"的激烈言论，尤其是1912年没有发现朱执信反对五族共和的言辞，说明朱执信拥护五族共和的政治体制。在1914年5月，朱执信在《民国》杂志第1年第1号发表《未来之价值与前进之人》一文，批驳梁启超等人的开明专制论，提出："今中国之国民，成熟之国民也，故能有此成熟之政府，而使中国为成熟之中国"，并说，中国国民已具有共和民主政治的条件，"所谓不足于共和者，乃以为辩护专制，主张君主立宪，而粉饰开明专制说之具"。如果说国民觉悟"不适于共和，当云不适于君主，亦可云不适于专制，而尤不适于开明专制"。朱执信坚持共和民主政体，反对开明专制和君主立宪。可见，他不是种族主义者，也不是狭隘的民族主义者，而是充满爱国主义热忱,力主民族(种族)革命与政治革命并举的共和主义者和民主主义者,是一个勇于修正自己的认识错误,能够与时俱进的杰出思想家。

二、民权与国权并重

何谓民权?

孙中山说:"民权者,民众之主权也。""民权为人类进化之极则。"又说:"大凡有团体有组织的众人,就叫做民。什么是权呢?权就是力量,就是威势。那些力量大到同国家一样,就叫做权。""民权就是人民的政治力量。""有管理众人之事的力量,便是政权。今以人民管理政事,便叫做民权。"毫无疑问,朱执信是孙中山民权理论的实践者和捍卫者。

朱执信根据柏拉图的国体理论,从统治者,及统治者对于法律之关系,区分为六种。即为法律所限制者三:(甲)其治者为一人者,王政也。(乙)其治者为少数人者,贵族政治也。(丙)其治者为多数,则立宪政治也。其不为法律所限制者三:(丁)治者一人,僭主政治也。(戊)治者少数者,寡头政治也。(己)治者多数者,地莫克拉底也。此中最末之地莫克拉底之名,沿至近代,认为对于独裁政治之用语,而失其不为法律所限制之意义,故中国旧译之曰民主(即应为 democracy)。他说:南京中华民国政府,前有参议院,后有国会。参议院和国会都讨论内阁提案和选举总统。"吾辈虽不能以前清之宪法大纲,誓约十九条,引为吾共和之根本法也。不能以前清所定之资政院、咨议局之规定为代表国民机关之组织法也。吾人不能以叩首、屈膝、拖发之习惯为共和国之仪服,不能以大人、宫保、中堂、爵相、卑职、沐恩、蚁民之习惯为共和国之称谓也,不能以捐纳为阶进,不能以荫袭代登庸也。法不能以议亲贵,而用不能计阀阅也。不能使旧时污吏复横行于乡党,不能以旧日为满廷所罪者悉视等囚房也。"正因为如此,革命党人建立的南京临时政府才是立宪政体,是"为民而设,为民而治,为民而享"的民权政府。

1919年,朱执信在《请愿与民权》一文中指出:民权即人民的权利,请愿即人民权利之一种,而且是"人民表示其政治上意见最平和、最合理之方法也"。又说:民意有真有伪,"以帝制请愿公民团围殴之伪民意,与真民意较,实最大不伦,吾人但当主张服从真民意"。"人民所欲建立者,以自力建立之"。为了实现反映真正民意的机制,朱执信主张实行"直接民权"。所谓直接民权,即不由国会之多数议决,而由人民自设法律以防止政府不良政治之手段,为人民取消不正当之法律,以免政府用恶法以毒害人民之手段,为排除一切不合民意之污吏之手段,这是"解决一切政治争论之最终形式"。直接民权,就是规定一切成年人有选举权,即同时有决定法律、任免官吏之权。对于人民所选政府所任之官吏,也有罢免之权。朱执信坚决主张并积极努力使中国能有一部包含人民有直接民权规定的有效的宪法,致使中国的民权有新的进步和发展。然而北方政府想利用少数人制定一个宪法就是不许人民直接参与政治,目的就是要集权,要所谓的统一,而统一的目的"因为要外国军事便利",这是想用国权来压迫民权,但这样的结果,必然是"中国的祸乱还要不止"。

然而,朱执信也反对人民利用民权去反对国权。人民与国家有不同的权利和义务,应各施其责,作为国家的统治者不能强调国权去压制民权,相反,人民有权力管理国家,但也不要干预军事、国防、外交等属于国家管理的权力。

在《心理国家主义》一文中,朱执信批判那些爱清政府,"思保全满洲"提倡国家主义反对民族主义者是"以满洲之国家为国家者,实基于情理的,而非基于心理者也"。他指出,这种基于保护清政府的国家主义,非真正的国家主义，而是伪国家主义，因为爱专制的清国，即爱清政府，非爱中国也。如果籍隶满洲则爱满洲，籍隶日本则爱日本，这种以隶属而爱之国家主义，实则"服从主义也，亦即奴隶主义也"。然而，朱执信虽反对法理的伪国家主义，但他则提倡心理的国家主义，即"皆以创造一独立之国家为归"的国家主义。"以中国有四千年之历史，四万万人之民族，故以纠合同民族创建共和国为理想，而驱逐鞑虏，恢复中华，即达此目的的手段也"。

可见，朱执信极力提倡国民树立爱国主义思想，建立新中华国去抗击列强的侵略，保护中国的权利。在朱执信看来，爱国主义就是要树立热爱国家的历史、土地和人民，维护国家的资源，发展经济，富强国家。所以，他主张国家行使权力将铁路收归国有。他呼吁国民不要成为袁世凯政府的"忠奴"，指出我国"四万万人之民国，决不终成五百余国民与四万万奴隶之帝国"，但他又号召人民起来支持共和国家，实行废除与列强签订的不平等条约，收回国权。1919年7月，朱执信在《国家主义之发生及其变态》一文中，又指出，对于弱国来说，提倡国家主义为必要，但国家主义不是军国主义，不是帝国主义。如果通过提倡国家主义变成帝国主义，帝国主义对外侵略扩张则是一种变态，必须防止，但如果全世界实现大同，既无国家之必要，那也无国家主义之必要。国家不能无土地无人民，而人民也不能无国家，国家主义如从人民热爱自己国家的一种情感和理念来看，人民树立国家主义精神来争取和维护国家的主权和领土完整，无疑是一种正义的行为。1919年8月，朱执信在《侵害主权与人道主义》一文中，就第一次世界大战巴黎和会作评论时便指出：

> 今人民之于国家，利害不必其悉相同也，然而国家有事，忘己身以赴之者，何哉？以其身为一个人以外，尚有为国家分子之一资格，

故有时其个人以利国家也。然除却国家一分子之资格，尚有为全人类社会一分子之资格，故有时又以全人类利益之故，以一国家之利益为牺牲，此于理论上全然无可非难者也。

人民应该支持国家去维护国权，当国家需要的时候，人民应该具有爱国主义精神为国家去牺牲做奉献。但他也强调"唯爱国同时爱一切人类，始能有益于人类，且有益于国家耳"。由此可见，朱执信提倡民权，反对专制独裁，反对独裁者利用所谓国家主义去欺压人民，反对民权，但他对共和民主进步国家维护领土、巩固国家的统一又给予肯定和支持。朱执信强调人民既要爱国，又要爱人类，这就充分表明他的政治思想具有爱国主义与国际主义相结合的进步意义。他提倡民权与国权协调统一，人民有权管理国家，人民应发扬爱国主义支持国家行使国权保卫国家。这在辛亥革命前后对于民权的张扬，以及维护国家的统一和创建民主共和国，都具有重大的意义。

三、社会革命与文明进步

朱执信认为，社会革命有广义与狭义两种含义。社会革命就广义来解释"则凡社会上组织为急激生大变动皆可言之。故政治革命，亦可谓社会革命之一种"。而"社会经济上之革命而已，故可谓之狭义的社会革命"。我们在这里所述的是朱执信所言的"狭义的社会革命"。

朱执信认为，"社会革命之原因，在社会经济组织之不完全也"。"而今日一般社会革命原因中最普通而可以之代表一切者，则放任竞争，绝对承认私有财产权之制度也。今日之社会主义，盖由是制度而兴者也。因其制度之弊而后为之改革之计划者也"。所以，"世之知社会主义而言之者，必归于社会贫富悬隔而起,此其言固无误也"。而贫富悬隔的主要原因则是由于经济组织不完全造成的结果。社会革命,是为了社会的文明进步,并非为"夺富民之财产,以散诸贫民之谓也"。所以,社会革命是"取其致平制而变之,更对于已不平者,以法驯使复于平,此其真义也"。那么社会革命既然是"由于社会经济组织之不完全",那就要随历史的不同,变更经济制度以适应社会的发展。因此社会革命与政治革命也不可能完全分开,当社会革命只有依赖政治革命才能改革社会经济组织和制度时,政治革命与社会革命就必须并行。社会革命的主体是细民,客体是豪右。"细民"即平民,或称劳动阶级,指"力役自善之人";"豪右",日本译为资本家,或绅士军阀,这些豪族而居政府,"以其经济上之势力,助政治上之暴,因施为法,益增其富",在这种情况下,政治革命与社会革命"必当并行",就是"虚无党等所主张为绝对的共产主义,余辈亦不能无疑之也"。可见,朱执信的所谓社会革命就是要打破过度的贫富悬隔,实现社会的利益均衡,经济平等。但朱执信又说,由于中国物质进步之迟,大生产事业不兴,而资本家掠夺之风不盛,所以社会革命之业轻而易举。当时的重要政策是在于"抑豪者而利细民者",是在于及早预防豪者愈富、贫者愈贫的情况出现。就此看来,朱执信与西方的社会主义者又不完全相同,但两者又有许多相似点。但朱执信与孙中山一样,都是提倡在中国发展经济,扩大再生产,积累财富,通过国家社会主义政策来节制私人资本主义的发展,使国家经济的发展有利于民生,有利于社会的稳定来预防社会革命的发生。

社会的进步发展总是以经济为基础。经济落后,社会不可能有发达的文明,人民更加不会有幸福感。所以,社会革命与改革的目标都是为了建设一个富强和文明的社会,都是为了人民生活得好,都是为了人民的生活幸福。朱执信说,只有成熟之国民,才有成熟之政府和成熟之中国。所以,国民必须具有节制自己享乐思想的精神,"物无不可以供享乐者也,且其终局之目的,不能外于享乐。然而人不可以悉取一切之物以供享乐"。如果只为了现在,不惮牺牲将来,而所保持者,瞬息已成过去。所以,朱执信强调"社会时时有改良之余地,即时时有牺牲现在之要求,抑且比例其进步之度,其感觉将来价值重要之程度愈高,且为是所要之牺牲愈大"。"为将来之社会计,固求不误之牺牲也。然与其无牺牲,无宁误牺牲"。也即是说,为了建设或改造一个社会成为文明进步、安定和谐的美好社会,人民必须树立正确的价值观,该牺牲当今的享乐行为,就必须甘愿牺牲。"社会时时有改良之余地,即时时有牺牲现在之要求",树立"更新其社会的精神",只要做到这样,人民牺牲当今享乐思想,效果就一定彰显出来,社会也一定会随时光的流去而日益进步。

1914年六七月,朱执信以前进笔名在《民国》杂志第1年第2、第3号发表一篇很长的文章《生存之价值》。在这篇文章中,他用经济学的方法去论证人生存在的欲望和价值,用种种事实论证随着时代与社会,乃至其人生遗传教育的关系,证明人的幸福"在蒙昧之社会,其幸福之范围固陋,其所希望于将来者尤稀","而社会进步之后,从此希望常能得物质上之确证,而变为实际幸福"。但"人生存之价值,实随社会之进步而增加",故"社会上一切善良制度,皆为增加生存价值而生"。"人所以其生存者,首计现在之幸福与将来之希望","而不幸中国国民将来之所可希者,最缺乏,而其根原乃在于现政府之极力摧残"。所以,为了改造不良社会,建设未来良好社会,国民必须确立正确的人生价值,立下决心为创造将来的美好社会而奋斗,为四万万中国人的幸福生活而奋斗。

朱执信在1920年1月10日发表在《星期评论》第31号上《人类的将来》一文,转述他一个朋友对人类未来的看法。他说:"一个朋友告诉我,他想将来的人类一定会绝灭。为什么呢?并不是因为别种动物能够来灭人类,只是我们人类将来的一天不愿意再传种的时候,自然再没有人类出生。"朱执信强调:"一个人的观察,无论如何,不能不受环境的影响。"他认为他这个朋友的看法,实在是一种脱离实际的过度忧虑。他说:"无论你政治上、经济上的条件怎么好,社会组织怎么密,明天的事情,是明天的事情,明年的事情,是明年的事情,没有相等的时候"。他指出:"从前以为几百年后不是我们所关与的事情,只拿我躬不阅,遑恤我后两句就抹杀尽了;现在却把几百年后的事情,来当做一种忧虑;岂不是渐渐把很久远的事情看重了?"很明显朱执信不同意他的朋友对人类未来社会的悲观看法,但是他也劝告人们:"人类贪生怕死,是错的。但是贪死怕生,也是错的。人类只知人生有乐,不知有善,是错的。怕了苦,就怕人生,那是更错的。"他是告诉人们,对于苦乐、生死要有正确的观念和态度,人类的历程虽是苦乐并存,美好与艰危并存,但人类社会的未来,终究是美好的,我们应为建设美满的人类社会贡献自己的智慧和才能。所以,朱执信强调:"以言论得罪社会者,可以言论的忏悔补过。""以行动得罪社会者,要以相当之行动补过。"朱执信革命一生,他的目的就是为了人民过着幸福的生活,建设一个文明、进步、富强的中国。

第八章
永恒的纪念

虎门遇难

永恒的纪念

一、虎门遇难

虎门踞珠江东岸,南临伶仃洋,为要塞重地,1919年,桂军第三旅旅长丘渭南兼虎门要塞司令。早在1917年8月,李耀汉被北京政府任命为广东省长,10月兼署广东督军,1918年9月,受广东督军莫荣新排挤,被撤职,逃亡香港。李耀汉辞去广东省长后,其所部冯德辉所率领的一营被丘渭南收编,调往虎门。援闽粤军与桂军在惠阳相持不下时,革命党人主张运动虎门独立,迫使桂军屈服。

1918年8月中旬,朱执信奉孙中山之命回粤,由上海经厦门到香港。香港机关部原决定派朱执信到广州策反李福林,但考虑到朱执信自黄花岗之役后,在广州活动目标太大,乃改派他前往虎门。就在此时,丘渭南突然表示欲脱离莫荣新而独立,请朱执信入虎门主持。起初因同志的劝阻朱执信未往,但最终考虑到桂粤相持,粤军难以持久,急需开辟新战线做援应。朱执信遂与吴礼和深入虎门策反,在他们的努力下,虎门炮台守兵于1919年9月16日宣布正式独立。此时,由邓铿率领的东江民军,在邹鲁的策动下也攻入虎门要塞,收缴桂系军阀冯德辉降军枪械数十杆,邹鲁委任邓铿为虎门要塞司令。降军与民军发生冲突,势同水火,双方都要求朱执信出面调停。朱执信认为,降军和民军都是为了驱逐桂系军阀,不应发生内讧,准备前往。此时革命党人指出降军内部情形复杂,必须慎重从事,以防意外,力劝朱执信不要前往。朱执信坚信,只要对大局有益,不必计较个人安危。于是,他冒着生命危险,于1920年9月21日与何振(字仲达)由虎门沙角炮台到龙溪,约请邓铿商议,邓铿约朱执信与何振到东校场邓营会见商议处置民军与降军的枪械问题。商谈后,邓表示愿意缴还所压降军枪械,接受指挥。但就在朱执信与何振准备离开之时，冯德辉所部忽然反攻，包围了民军。枪弹如雨中朱执信不幸被乱枪击中多处，为民主共和英勇地献出了宝贵的生命，邓铿同时遇难，以身殉国。朱执信逝世后，遗孤三女一子，三女始、微、娱；一子百新，时在襁褓中。

对于朱执信的遇害情况，1920年10月1日上海《民国日报》如是报道：

> 朱执信先生殉义一事，本报早有所闻。嗣因遇难原因未详，故暂未发表。兹据与先生共事某君谈云，虎门自被民军收复，以各事不相统属，当由各军推举先生到虎门主持。朱抵虎后，旋即将攻守事宜布置完备，各军亦俯首听命。讵于二十一日早，突有邓铿其人统率民军百余人，到太平附近，缴去丘渭南所部枪械数十杆，于是彼此激战多时。迨至下午二时许，先生遂派员往各该军司令部调和数次，均无结果，而皆以请先生到各该司令部面商为词。先生乃商请丘渭南所部营长梁某，由电话通知虎门寨，谓先生不久便到，请大家幸勿误会等语。旋偕何君仲达先到邓铿司令部，约三十分钟，令邓部所缴之枪宜即交回邱部，以免自相残杀。邓亦遵命交回，欲启程前往邱部，而外间枪声大作，各人纷纷逃避。先生以走避不及，不幸为流弹所中，旋即毙命。其同行之何仲达君在旁幸免，闻朱君濒死时，仍声声以救国救粤为念云。

朱执信捐躯后，广东地区的革命形势日趋好转。李福林、魏邦平两支民军于9月27日在广州发动兵谏，响应援闽粤军回粤。10月中旬，广东各地铁路工人及广州学生相继罢工、罢课，声援伐桂战争。援闽粤军于10月22日攻破惠州，莫荣新于26日逃离广州，29日，援闽粤军攻克广州。

二、永恒的纪念

朱执信是孙中山革命的同志和亲密的战友。他不仅参加孙中山领导的辛亥革命、反袁护国和护法运动;而且也是孙中山革命思想的宣传者、维护者,他是杰出的民主革命家、思想家和革命思想的创造者和传播者之一,也是马克思主义在中国早期传播的先驱,他得到革命同志的无比爱戴,以及全国人民的无比敬佩。他的牺牲是中国民主革命的重大损失,也是中华民族复兴事业的重大损失。

朱执信的牺牲,在国内引起极大的震动和深切的悼念。

孙中山说:"执信忽然殂折,我如失左右手","我党失此长城","虽尽歼桂贼不足以偿也"。吴稚晖获悉后,哀叹"得一广东,失一执信,不合算,不相当!"此后,孙中山多次赞扬朱执信的无畏精神和高尚品德,以及其在革命运动中的作用,称朱执信"乃革命中之圣人"、"中国有数人才"、"最好的同志"、"执信牺牲,我们付的代价太大了"。1922年陈炯明叛乱之时,孙中山又叹曰:"如执信尚在,竞存当不至此。"

朱执信雕像

宋庆龄说:"朱执信与廖仲恺同志是国民党中坚定地同孙中山站在一起,拥护他的勇敢的行为和开明思想的人。"

胡汉民说:"先生(朱执信)是忠于主义的一个人,最革命的一个人,追随着总理(按,指孙中山)最肯奋斗的一个人。"

戴季陶也说:"近代的中国人当中——革命党当中,有智识有学问的人虽不多,却也不是绝无。但是像执信先生这样知识感情陶融为一统的,真是凤毛麟角!我不敢自尊自大,却也不敢妄自菲薄。我觉得有在今日知名的人当中,有许多是我不屑为的,有许多是和我差不多的,有许多是我所能作而不愿做的。像执信这个人,除了他的文字得来的知识,他那知情浑化的风格真是我们极其羡慕而学不到的。"

还有许许多多赞誉朱执信的学问、精神和品格的文字。这一切无非都是说明,朱执信先生那种"只知有党不知有己,只知有主义而不知有个人的伟大的革命牺牲精神,实在使我们后死同志,生出无限的敬仰和悲悼"。

然而,诚如朱执信自己所说,死者已矣!那些还活着的人应该继承死者的进步思想,发扬他的时代精神,为人类、为国家和民族做出新的贡献。

朱执信一生为我们做出了许多榜样,是进步知识分子的楷模。凡是为国家、民族和社会进步的人,我们都应该纪念。纪念先烈先贤,诚如朱执信所说:"与其纪念死者,不如责备自己为什么不如死者一样",要立下志愿和决心,与时代同步,与社会共前进!

朱执信的精神不死!

朱执信是一位值得永恒纪念的民主革命先驱和时代的楷模。

1920年9月21日,朱执信的灵柩从虎门运抵香港,易棺重殓,暂厝东华庄内。

为了抚恤朱执信的遗孀,孙中山于1920年11月23日致函国民党人,倡议募集捐款:

朱执信君，勤力国事，垂二十余年，毅力情操，久为吾党钦仰。此次为翦除桂贼，仓卒被戕，家无宿粮，孤寡堪悯。目前衣食，尚赖诸友之馈遗；将来诸儿教育所需，尤不能不早为筹备。

凡我同志，念执信兄夙谊者，尚祈转为告语，量力相助，毋忘旧交，实深盼望。

1920年12月15日，护法政府将朱执信的灵柩运回广州。次年1月16日，归葬于广州驷马岗（今先烈路）。孙中山怀着悲痛的心情，亲自步行执绋。1月24日上海《民国日报》报道了这一庄严肃穆的葬礼："1月16日，朱执信灵柩由宝（璧）舰运载回广州，安葬于广州沙河驷马岗，灵柩由天字码头上岸后置四轮马车乘载，抵达驷马岗坟场。孙中山、唐绍仪、伍廷芳、陈炯明、许崇智等均步行执绋。上午十一时从天字码头出发至下午一时许始抵坟场，举行葬礼。送葬者三万余人。朱执信（灵柩）下葬时，朱夫人杨道仪抚棺痛哭，扑向冢中殉节，嗣经孙中山以身掩护，始免于危，然犹晕绝者再。胡汉民亦因哀伤过甚，晕仆于地。送葬者亦痛哭，场面极为悲壮感人。"1月23日，在孙中山的主持下，护法军政府在广州召开追悼大会，举行主祭仪式。"列名不下万人，诚空前未有之大盛会"。

孙中山、唐绍仪、伍廷芳、唐继尧以护法军政府的名义，撰文沉重悼念：

呜呼，执信而至是耶，一柱颓毁，万夫咨嗟。唯君之生，钟灵河岳，濯濯须眉，崭崭头角。君之秉德，实毗阳刚。高视阔步，不狷而狂；……生死患难，最感余心；倾河注海，有泪沾襟。呜呼执信，而今已矣，朱家亡侠，缓急谁恃？呜呼执信，身殉名称，生则为英，殁则为灵。丹荔黄蕉，长与荐馨。

建于1927年的执信学校教学楼

孙中山又单独著文，高度概括朱执信革命的一生、高尚的操守及其历史贡献：

嗟天道之无知兮，哲人早摧。诚民国之不幸兮，失此旷世之逸才。早岁读书兮，既于学无所不窥。唯文章与道德兮，为朋辈所交推。誓以身殉我祖国兮，革命之役无不追随。……生物莫不有死兮，君之死则举世所共悲。山川变其颜色兮，日月失其光辉。世界之奇才必早死兮，若文学界之摆伦（拜伦），物理学界之赫支（赫兹），音乐界之苏伯特（舒伯特），政治界之拉沙儿（拉萨尔），前例既历历可举兮，世称为自然界之忌才。唯君之死乃以身殉国兮，树永久之模范于将来！

胡汉民、廖仲恺、古应芬则合挽一联：

素志尚牺牲觑云孟义孔仁去君尚远；深交逾骨月为问韩檠杜？后此谁偕？

陈独秀也挽一联：

失一执信，得一广东，得不偿失；生为人敬，死为人思，死犹如生。

为了继承先烈的革命遗志和发扬先烈的革命精神，教育和激励后人，孙中山倡议兴建纪念图书馆，廖仲恺等筹资于1921年10月10日成立了执信学校（即今广州市执信中学，现执信中学已于番禺、南海设立分校），称："本校为朱执信先生之纪念学校，创办于民国十年十月，……先生殁后，诸同志敬其志愿之宏，功业之伟，因组设本校，以竟先生未竟之志，校舍暂设粤秀山麓，旧应元书院、菊坡精舍、龙王庙等处，发起者，率皆海内名流，一时俊彦，及筹备会成立，选出汪精卫、廖仲恺、胡汉民、邹鲁、孙科、许崇清、金曾澄诸先生为筹备员，历时数月，始告成功。"孙中山亲自出席开学典礼并发表演讲，赞扬朱执信既是"革命实行家，又是文学家"。1924年春，广东省政府拨广州东郊大眼岗、细竹丝岗、螺丝岗为新校地址，建筑计划共分三期完成，是为现今执信中学的前身。执信中学"延

位于虎门执信公园内的朱执信纪念碑

续着朱执信的革命和事业，弘扬和充实着朱执信的革命精神"。

1923年，在朱执信殉难地——东莞县（今东莞市）虎门镇太平街上，立碑纪念。1931年由胡汉民题写碑名，翌年再撰写碑文，碑高7.2米，碑座边宽2.6米。碑文如下：

民国九年粤军还粤之役，执信先生以名世异才，为国牺牲，天下惜之！既十二年粤人为立碑纪念。嗟夫！先生文章事业，所在不朽，何待金石。唯此为先生成仁之地，尤动人感慕之忱，则后死者不能无所述。工事告成，众以文字属责，乃谨书之。民国二十一年三月，番禺胡汉民撰并书。

纪念碑1990年被列为东莞市文物保护单位。朱执信遇难的地方，现被当地政府扩建为执信公园，内设展览馆、图书馆、老人活动中心。

1928年，国民政府追溯朱执信功绩，给以表彰。其令如下：

翊赞总理革命垂二十年，靡役不从，功勋卓著，其生平操行之纯洁，学术之渊懿，迈绝群伦。至于贞固干事，至诚感人，吾党同志莫不奉为圭臬。不幸虎门之役身殉党国，景命不再，遗恨至今。

位于广州市驷马岗的朱执信先生墓园，庄严肃穆，气势非凡。该墓园占地达4000多平方米，由墓门、墓道、墓茔、墓碑和墓表等建筑构成，园内广植树木，成为社会各界人士拜祭和纪念先烈的场所。后因该处地势较低，遭受水浸，并发现有白蚁侵蚀，于1936年迁葬于执信中学校园内，驷马岗墓则为衣冠墓。

为学习和继承朱执信的学说和革命精神，后人把朱执信的著述汇编成册,《兵底改造及其心理》、《关于三民主义》等较长的论著则印成单行本。1921年,上海民智书局出版建设社编的两卷本《朱执信集》。1926年,又出版了邵元冲编的《朱执信文钞》。1935年,中国文化服务社再版了邵元冲编的《朱执信文钞》,更名《朱执信文存》。此外,还出版有《朱执信先生自书诗遗墨》(1930年)、《朱执信先生殉国九周年纪念刊》(1929年)、《朱执信先生纪念专刊》(1929年)、《朱执信先生殉国十周年纪念专刊》(1930年)、《朱执信殉国十二周年纪念专刊》(1932年)、《朱执信先生殉国十三周年纪念专刊》(1933年)等专刊。

1949年以后,朱执信研究引起了学界的重视。1979年,北京中华书局出版《朱执信集》(上下),624千字。2005年,广州市执信中学校史丛书《划过黑夜的亮星——朱执信传记》、《朱执信纪念文集》等面世。至2006年底,出版朱执信研究专著3本,传记3本,论文100余篇。《朱执信》(余炎光著,上海人民出版社1984年)、《朱执信思想研究》(肖万源著,人民出版社1985年)、《朱执信与中国革命》(吕芳上著,台北,中国学术著作奖助委员会1978年)、《朱执信评传》(张瑛著,河南教育出版社1990年)、《朱执信社会政治思想研究》(张顺昌著,贵州人

朱执信墓。

民出版社 2005 年）等，都有一定的影响。

让我们永远记住这个名字——朱执信！

朱执信的爱国精神和事迹永留人间！

在纪念孙中山和朱执信为之奋斗过的辛亥革命 100 周年时，我们谨将此书献给伟大的祖国和人民，寄托我们对先烈的缅怀之情，让更多的人了解朱执信的奉献和奋斗精神，为祖国的和平统一和中华民族的伟大复兴做出自己的贡献。

朱执信年谱简编

1885 年

10月12日,出生于广东番禺(今广州市)。祖籍浙江萧山。父朱启连,字跋惠(一说跂惠),能诗善文。母汪若昭,广州文化名人汪瑔之次女,熟悉诗文。

1889 年　4 岁

跟母亲汪若昭识字。

1892 年　7 岁

开始读《大学》、《中庸》、《论语》、《孟子》等书,赞扬古代的改革。

1893 年　8 岁

初学作文。听父讲解《资治通鉴》等史书。

1894 年　9 岁

知道中日甲午战争爆发,慷慨激昂。

1895 年　10 岁

获知《马关条约》签订,痛哭。

1896 年　11 岁

父朱启连延请宿儒章奏麓为其授课,未几,拜于沈孝芬门下就读。

1898 年　13 岁

从沈孝芬就读。戊戌变法失败后,慨言:"朝政窳败如此,何以立国,非痛下决心,大刀阔斧,力加改革,不足旋乾转坤。"

1900年　15岁

是年广州鼠疫流行,父母同时染病,12月26日,父朱启连病逝。

1901年　16岁

跟随从舅汪仲器(汪兆鋐)学习数学。

9月7日,《辛丑条约》签订后,愤恨清政府无能,萌发推翻清朝的思想。

12月,亲自刻下"南都沦后第四乙酉生"的印章,寄托反抗清廷的思想。

1902年　17岁

入教忠学堂读书,除主攻国学外,还兼习数学、历法、英语、日语等课程。与同学古应芬、汪兆铭、汪祖泽等十余人,组织"群智社"。

1903年　18岁

因不满教忠学堂校方的专制统治,愤而退学。退学后治学于家中。

1904年　19岁

1月24日,母亲汪若昭去世。

2月,以优异成绩考取京师大学堂预科班。

夏,以第一名的成绩考取广东省官费留日法政班。

冬,与胡汉民、汪精卫、古应芬等东渡日本留学,入东京法政大学政法速成班,主修理财科。

1905年　20岁

春,与胡汉民、汪兆铭等入东京私立法政大学速成科第二期。

7月,拜见孙中山,并出席中国革命同盟会成立筹备会议。

8月20日,在东京出席中国同盟会成立大会,被推为同盟会评议员兼评议部书记。

11月26日,中国同盟会机关报《民报》创刊发行,成为该报编辑和主要撰稿人之一。在《民报》创刊号上刊文《论满洲虽欲立宪而不能》。

12月24日,因留日学生反对日本政府《关于清国人入学之公私立学校之规则》风潮发生，中国学生纷纷回国。与胡汉民、汪精卫等人发起组织"维持留学界同志会"。

1906年　21岁

1~7月，连续在《民报》上刊文《德意志社会革命家列传》、《驳法律新闻之论清廷立宪》、《论社会革命当与政治革命并行》、《就论理学驳新民丛报论革命之谬》等多篇文章。

夏，以优异成绩毕业于日本法政大学速成科，随后回国。

1907年　22岁

1月，执教于广东高等学堂和广东政法大学。以教书为名，暗中从事革命活动。

6月，参与了策划刘思复谋杀李准案。

7~9月，连续在《民报》上刊文《土地国有与财政》等。

1908年　23岁

6月，在《民报》发表《心理的国家主义》长篇论文。

10月，在香港任同盟会南方支部实行委员会和军事组负责人。

11月，与赵声、姚雨平等密谋起义。

1909年　24岁

6~7月间，与赵声等人策划广州新军起义，分工负责起义机关部和联络会党等工作。起义失败后去虎门了解地形。

1910年　25岁

1月，策动新军倪映典起义，谋取广州。

10月，参与筹划辛亥年广州起义，失败后逃往香港。

1911年　26岁

3月，与邹鲁等编辑出版《可报》，批评时政，揭发稗政。

4月27日，参与广州"三二九"起义，事败后，于29日逃往香港。

5月，主持香港同盟会机关部《中国日报》。致书广东水师提督李准，劝其反正。又谋划暗杀李准活动。

10月，武昌起义后，积极运动民军，配合革命党人会攻广东省城广州。负责接洽李准反正事宜。

11月10日，从香港回到广东。17日，任广东军政府总参议，兼负责编练军队8000余人，准备北伐。

12月，参与制定广东《临时省议会选举法》。

1912年　27岁

4月，任广东核计院院长。设计10余万民军的处理方案。整顿民军，共裁顿9万余人。月底，去香港劝说陈炯明回广州。

5月，兼广（广州）阳（阳江）军务处（后改为绥靖处）督办。

12月，与邓铿、周之贞、潘达微等致函广东都督，请筹款为"三二九"殉难七十二烈士建纪念碑。

1913年　28岁

6月，辞核计院院长等职，前往香港。

7月，返回广州，敦促陈炯明反袁。随后到上海，准备出国留学，后因从经济上接济上海讨袁军，未能实现留学目的。

8月20日，赴港，筹划讨伐龙济光的活动。

9月15日，因遭到袁世凯的通缉，前往日本。

1914年　29岁

5月10日，《民国》杂志在日本东京创刊。朱执信为其编辑和撰稿人之一，撰文《未来之价值与前进之人》、《无内乱之牺牲》等多篇。

6～8月，在《民国》上刊文《暴民政治者何》、《生存之价值》、《革命与心理》、《开明专制》等多篇。

7月，孙中山在日本组织中华革命党，朱执信因对入党程序不满，自日本回国，在广州积极参与反袁讨龙运动。

9月14日，赴新加坡，为讨伐龙济光筹款募捐。

9月16日，赴芙蓉等地筹款。

10月1日，返回新加坡。

10月3日，筹款4万余元，回香港。

10月10日，与邓铿密谋广东反袁起义。次日，在广东顺德起事，指挥千余人直奔佛山。随后又策动驻防广州观音山的炮兵内应讨伐龙济光。

1915年　30岁

1月10日，撰写《讨龙之役报告书》，向南洋华侨汇报起义经过。

夏，在澳门设置反袁、讨伐龙济光机关部，来往于香港与澳门之间，策划讨龙事宜。

11月，应孙中山邀请赴日，商讨广东地区的讨龙事宜。中旬，正式加入中华革命党。

12月2日，被任命为中华革命党广东军司令长官，全权负责广东反袁讨龙事宜。6日，返回澳门。

1916年　31岁

1月，运动革命党人在广东惠州起义。吸收志士加入中华革命党。

2月5日，率部队数十人潜入广州石湖村。

2月8日，指挥民军在石湖村起义。

2月20日，同陈炯明商谈联合反袁事宜。

3月初，在澳门布置攻袭肇和舰计划。

4月下旬，与龙济光方面商谈停战条件。

5月10日，发表《致李福林书》，批驳龙济光歪曲事实、欺骗舆论的宣传。

6月中旬，率兵誓师广州。

7月,前往上海。

12月7日,发表《中华革命军之略史》。

1917年　32岁

春,在上海负责中华革命党事务所的日常工作。

夏,写成《中国存亡问题》一书,反对中国参加协约国对德作战。

7月6日,和孙中山、廖仲恺、何香凝等人一起,南下广州。

8月25日,南下议员120人在广州召开国会非常会议,成立护法军政府。

9月,主持大元帅秘书处的工作,成为孙中山的重要助手。

11月,组织李福林部队举事,惩治莫荣新。

1918年　33岁

1月,策划暗杀驻粤滇军师长方声涛。

4月4日,应日本人头山满、犬养毅之邀,奉孙中山之命赴日。

4月17日,致电孙中山,说明赴日后的情况。

6月12日,在日本欢迎孙中山,商谈局势。

6月26日,与孙中山一同回上海从事著述。

1919年　34岁

5月,学生运动兴起,与孙中山、罗家伦、张国焘等谈新文化运动问题。

6月8日,与戴季陶等在上海创办《星期评论》。

6～7月,在《觉悟》上连续发表《睡的人醒了》等文。

8月1日,与胡汉民、戴季陶等人在上海创办《建设》杂志。

8月,翻译孙中山的英文《实业计划》部分章节成中文。在《建设》杂志发表《国家主义之发生及其变态》、《民意战胜金钱运动》、《神圣不可侵犯与偶像打破》、《舆论与煽动》等文多篇。

9～11月,在《建设》、《星期评论》、《民国日报》等处发表《不可分的公理》、《我们要一种什么样的宪法》、《国会之非代表性及其救治方法》、《不合时宜之调和论》等重要文章多篇。

12月1日，与陈炯明等于福建漳州创办《闽星》杂志。该月，在《建设》、《星期评论》上发表《英国与波斯之新协约》、《男子解放就是女子解放》等文章数篇。

冬，兼任上海《民国日报》主编。

是年，在上海参加孙中山组织的俄文学习班，准备去苏联。

是年，与邹鲁征集有关辛亥"三二九"起义的历史资料，准备编成信史。

1920年　35岁

1～6月，在《星期评论》、《闽星》、上海《民国日报》、《建设》等杂志上刊发《人类的将来》、《学者的良心》、《主张军国主义的留美学生》、《社会与忏悔》、《没有工做的人的"生存权"与"劳动权"》等文数篇。

4月上旬，在福建漳州与李厚基的代表臧致平会谈。

4月14日，致函孙中山，汇报与臧致平会谈的情况。

6月29日，奉孙中山之命，与廖仲恺到漳州，敦促陈炯明率军返粤讨桂。

7月22日，致书孙中山，陈述陈炯明对回师广东的态度。

8月15日，赴香港主持广东伐桂事宜。

9月16日，策动虎门要塞司令丘渭南宣布独立。20日，去信马伯麟，商讨运动李福林军队事宜。21日，在虎门调停降军与民军的冲突中，被桂系军阀降兵枪弹击中，壮烈牺牲。

主要参考文献

邵元冲编：《朱执信文钞》，民智书局1926年。

广东省哲学社会科学研究所历史研究室编：《朱执信集》，上下册，中华书局1979年。

中国国民党广州特别市党部宣传部编：《朱执信先生纪念专刊》，1929年。

中国国民党浙江省执行委员会宣传部编：《朱执信先生殉国九周年纪念刊》，1929年。

中国国民党广州特别市党部宣传部编：《朱执信先生殉国十周年纪念专刊》，1930年。

中国国民党中央执行委员会西南执行部编：《朱执信先生殉国十二周年纪念专刊》，1932年。

中国国民党中央执行委员会西南执行部编：《朱执信先生殉国十三周年纪念专刊》，1933年。

何伯言编：《朱执信、廖仲恺》，重庆青年出版社1945年。

谢霜天著：《虎门遗恨：朱执信传》，台北，近代中国出版社1979年。

余炎光著：《朱执信》，上海人民出版社1984年。

肖万源著：《朱执信思想研究》，人民出版社1985年。

张瑛著：《朱执信评传》，河南教育出版社1990年。

吕芳上著：《朱执信与中国革命》，台湾，私立东吴大学中国学术著作奖助委员会 1978 年。

张顺昌著：《朱执信社会政治思想研究》，中国社会科学院 2004 届博士论文，贵州人民出版社 2005 年。

赵南成著：《划过黑夜的亮星：朱执信传》，花城出版社 2005 年。

朱执信著：《朱执信先生诗书遗墨》，出版事项不详。

胡汉民：《朱执信别记》，《建国月刊》1929 年 1 卷 5、6 期。

周一志：《纪念国庆并纪追怀朱执信先生》，《中苏文化》1939 年 4 卷 2 期。

王宇高：《朱大符传》，《国史馆馆刊》1948 年 1 卷 2 期。

邹鲁：《朱执信传》，《中国国民党史稿》第 6 册，中华书局 1960 年。

张磊：《略论朱执信》，《光明日报》1962 年 1 月 31 日。

宋平：《朱执信先生轶事》，《羊城晚报》1963 年 1 月 31 日。

徐直公、张伯：《朱执信遇难情形别说》，《广州文史资料》第 10 辑，广东人民出版社 1963 年。

陈则东：《青年节怀先烈——朱执信》，《建设》1964 年 12 卷 10 期。

吴相湘：《朱执信言行合一》，台北，《传记文学》1965 年 6 卷 6 期。

悲伯欣：《革命先烈朱执信先生生轶事》，《民主宪政》1967 年 32 卷第 5 期。

戴季陶：《怀朱执信》，《艺文志》1967 年 24 期。

吴相湘：《朱执信》，《民国百人传》第 1 册，传记文学出版社 1971 年。

尚明轩：《朱执信》，《民国人物传》第 1 卷，中华书局 1978 年。

林恒齐：《朱执信先生虎门殉难记》，《浙江月》1979 年 11 卷第 3 期。

凌志达：《朱执信先生》，《古今谈》1979 年第 171 期。

余炎光：《论朱执信》，《暨南大学学报》（哲社版）1980 年第 2 期。

郑彦芬：《革命圣人朱执信》，《中外杂志》1981 年 30 卷 1 期。

杨金鑫：《朱执信是同盟会中真正研究马克思主义的人》，《湖南师院学报》（哲社版）1981年第2期。

陈华新：《割袍请战的朱执信》，《广州日报》1981年4月14日。

张磊，《论朱执信的民主革命思想》，《社会科学战线》1981年第4期。

王国荣：《辛亥革命的海燕——朱执信》，《书林》1981年第6期。

孙明远：《虎门吊忠魂——访朱执信殉难的地方》，《广州日报》1981年10月6日。

《革命先烈朱执信、陆皓东二先生懿行轶事》，《近代中国》1981年第24期。

杨文：《朱执信先生事迹述遗》，《纪念辛亥革命七十周年史料专辑》（下），广东人民出版社1981年。

朱秩如：《朱执信革命事迹述略》，《辛亥革命回忆录》（二），文史资料出版社1981年。

肖万源：《论朱执信的思想》，《社会科学辑刊》1982年第1期。

张敦仁：《朱执信与〈共产党宣言〉》，《学丛》1982年2期。

李双璧：《评朱执信的早期社会主义思想》，《贵州社会科学》1982年第2期。

尤学民、汤可可：《朱执信的财政金融思想》，《经济研究》1982年第8期。

王劲：《第一个给马克思写传的中国人》，《甘肃青年》1983年第3期。

时友：《最早节译〈共产党宣言〉的不是朱执信》，《华中师院学报》（哲社版）1983年第4期。

朱文原：《革命理论家兼实行家朱执信》，《国魂》1983年第5期。

王杰：《朱执信》，《文物天地》1983年第5期。

关捷：《论朱执信的经济思想》，《齐齐哈尔师范学院学报》（哲社版）

1984年第3期。

张海声：《略论朱执信的思想特点》，《兰州学刊》1984年第3期。

郑彦芬：《我所景仰的朱执信先生》，台北，《传记文学》1984年45卷第4期。

郑则民：《民主革命的理论家朱执信》，《光明日报》1984年4月11日。

杨晓容：《论朱执信》，《中华民国史文集》，江苏省中国现代史学会1984年。

杨敏：《朱执信经济思想再探讨》，《上海经济科学》1985年第1期。

何植靖，《浅论朱执信的哲学思想》，《江西大学学报》（哲社版）1985年第2期。

吴润扬：《纪念朱执信先生》，《光明日报》1985年11月7日。

李晶：《朱执信》，《中国近代爱国人物传》，吉林省历史学会编，吉林文史出版社1985年。

赵矢元：《战斗不息探索不止——资产阶级革命活动家、理论家朱执信》，《中国近代爱国者百人传》，黑龙江人民出版社1985年。

关捷：《论朱执信对马克思主义的传播》，《辽宁大学学报》（哲社版）1986年第4期。

周兴樑：《朱执信的辫子》，《历史大观园》1986年第9期。

陈哲夫：《朱执信的共产主义思想因素初探》，《北京大学学报》（哲社版）1987年第3期。

曾业英：《朱执信在护国战争时期的一段经历》，《近代史研究》1987年第4期。

刘立新：《朱执信"细民"思想初探》，《华中师范大学学报》（哲社版）1988年第5期。

刘钦斌、霍维洮：《论朱执信的社会主义思想》，《宁夏社会科学》

1989 第 2 期。

徐永康：《朱执信法律思想刍议》，《法学》1991 年第 8 期。

[日] 狭间直树：《朱执信对孙文民生主义的理解》，《近代史研究》1991 年第 3 期。

利兴民：《略论朱执信实践的认识论》，《华南师范大学学报》（社科版）1993 年第 2 期。

金伟：《中国资产阶级革命的圣人——朱执信》，《辽宁师范大学学报》（社科版）1996 年第 1 期。

阮云孝：《朱执信笔名小考及其他》，《扬州大学学报》（人文版）1998 年第 5 期。

姚江、吴焕强：《朱执信对第一次国共合作形成的贡献》，《党史研究与教学》1998 年第 2 期。

史滇生：《简论朱执信的军事思想》，《南京政治学院学报》1999 年第 6 期。

胡长青：《朱执信军事思想初探》，《淮南师专学报》2000 年第 4 期。

朱云平：《朱执信建军思想初探》，《钦州师范高等专科党校学报》2001 年第 2 期。

袁春艳：《同盟会时期朱执信的社会主义思想探析》，《世纪桥》2001 年第 3 期。

吴忠礼：《浅论资产阶级理论家朱执信》，《宁夏社会科学》2002 年第 1 期。

龙士云、王家武：《朱执信与马克思主义的传播》，《湖南行政学院学报》2003 年 6 期。

董德福、史云波：《早期革命党理论家与五四新文化运动——以朱执信为个案的研究》，《学术研究》2003 年第 12 期。

朱云平：《朱执信与广东会党》，《忻州师范学院学报》2004年第2期。

宋凌迁：《试论朱执信对马克思主义的认识与传播》，《广西社会主义学院学报》2004年第2期。

张顺昌：《朱执信与新文化运动》，《中国社会科学院研究生院学报》2004年第3期。

张顺昌：《试析朱执信的民主宪政思想》，《聊城大学学报》（社科版）2004年第6期。

宋凌迁、万庆：《论朱执信的货币思想》，《襄樊职业技术学院学报》2005年第1期。

宋凌迁：《朱执信报刊宣传活动及思想论略》，《襄樊职业技术学院学报》2005年第2期。